靈鷲山 2018 弘法紀要

Annual Collection of Dharma
Propagation of the Ling Jiou Mountain
Buddhist Society 2018

慈悲與禪

善心極樂

心極樂

家興事和

己亥年
心道

導言

我們跟地球就是生命共同體，

地球的健康就是我們的健康，地球的永續也就是我們的永續。

—— 心道法師

這是師父在今年的「世界宗教大會」上和其他宗教領袖會晤時所講的一段話，雖然只有寥寥數語，卻道出了一個重要的事實：地球只有一個，地球上所有的生命都依靠地球而存在，地球是我們最重要的寶藏。正是這樣的信念，二〇一八年靈鷲山在師父的帶領下，努力不懈地朝著「愛地球、愛和平」的方向努力。

因此，在十一月加拿大多倫多「第七屆世界宗教大會」上，師父提出「靈性生態」的觀點，師父說：「當我們回到靈性的源頭，體會全然覺知的力量，將能覺察到地球是一個活生生的生命。」當心寧靜下來，就能通過靈性力量的引導，覺知到我們跟地球都是共同的生命體，從而建立「全球生態倫理」，進行人類與地球的大和解，用愛共振善的能量，療癒地球的同時，也解決人類所面臨到的生態危機。

理念的提出必須佐以實際的作為，在緬甸我們通過結合當地文化、佛教禪修、自然生態、有機農業，來揭櫫並培育「愛地球、愛和平」理念與種子的基地——「生命和平大學」，也不斷地向前邁進，且已交出漂亮的成績單：五月時邀請世界各地的專家，在奧地利舉辦智庫會議，討論大學的課程架構，進一步落實大學的雛型；八月份在臺灣舉辦了第二屆的「生命和平音樂會」，用音樂來傳遞愛與和平的精神，號召大家的認同與投入。

另外，在緬甸的具體實踐上也成果豐碩：弄曼的有機生態農場，以有機方式耕種高經濟作物和復育生態系統，讓當地許久未見的動植物重新出現，這是相當令人欣喜的。而弄曼沙彌學院這三年來已經收養失學貧苦兒童近四百名，從佛法修行、世學知識與品德教育來培育他們，成為未來的和平種子，今年的緬甸巴利文會考，沙彌們的成績更在臘戌地區內名列前茅，儼然成為緬甸的「明星學校」。由此可見教團在緬甸的

努力耕耘，使得「愛與和平」的種子已經在緬甸開花，將來必能結出更豐碩的果實。

過去師父在墳場苦修的關係，與無形的六道眾生結緣，悲憫六道群靈如同瀑流般的生死流轉，所以靈鷲山年年舉辦水陸法會和每月進行圓滿施食法會，而這樣的悲心願力在今年也延伸到生死議題的關懷上，為了讓大家能不昧生死，在佛法的引導下獲致善終，今年十月起我們於全臺各區講堂，開設「生命關懷 實踐課程」，學習佛教的生死關懷，就像師父說：「學佛就是探索不死的生命。」當我們能夠明白死亡的意義時，才能真正的喜歡生命，活出生命的價值，學習用佛法的解脫智慧幫助更多的人，活出「不死的生命」。

除了志業的實踐，我們也持續在佛法上精進用功，在春安居、秋安居的禪修閉關中，聆聽寂靜，時時觀照覺察自己的內心，讓心安住於空性；大悲閉關時，在清淨咒音中長養慈悲心，為大眾和地球祈願和諧平安；到了華嚴法會，我們用誠摯的信心與諸佛相應，即心見佛，感應道交。透過佛法的精進修持，回到內在的靈性，以傳承自覺覺他、自度度人的佛法慧命。

伴隨著修行和志業的深化，世界宗教博物館今年的展覽也展現出靈性與信仰之美：從「山・靈・敬──回返祖靈智慧的人間淨土」特展中學習原住民的祖靈信仰，生起對山林、靈性、敬畏的心；在「觀音緣・無盡藏，觀音緣・普世之光──百八觀音與林健成先生紀念特展」中，欣賞林健成大師製作的觀音像，體會到觀音菩薩慈悲救苦的偉大精神；在「深河遠流──南傳佛教文化特展」，以樸實的東南亞文化與神聖佛像，刻劃出上座部佛教的文化及信仰內涵。這都讓我們在欣賞藝術美感的同時，也感受到內在靈性的昇華。

「菩薩清涼月，常遊畢竟空；為償多劫願，浩蕩赴前程。」是師父喜歡的一句偈子，象徵菩薩的無盡悲心，期待在新的一年，我們都能在師父的智慧指引與願力帶領下，安住菩提，發廣大心，持續地做利益一切眾生的工作。

南無般若波羅蜜，阿彌陀佛！

釋了意 合十

目錄

總論

　　二〇一八年，靈鷲山在莊嚴殊勝的華嚴法會中，迎接二〇一九年曙光。回顧這一年，氣候的劇烈變化導致乾旱災難頻傳，造成生命的巨大傷亡，以及經濟、財產的損失；而宗教、民族之間的對立衝突猶然繼續，人們無法安家立業，反而流離失所。雖然我們仍然面對許多這樣的天災人禍，但是愛地球的力量已慢慢覺醒。十一月初，心道法師受邀參加在加拿大多倫多舉行的世界宗教大會（Parliament of the World's Religions，PoWR），在會中提議以「多元共生、相依相存」的全球生態倫理來拯救地球危機。

　　二〇一八年，也是靈鷲山開山三十五週年，第二十五年啟建水陸法會。回首這三十五年來，在心道法師的帶領下，靈鷲山秉持「慈悲與禪」的宗風，成立了世界首座的「世界宗教博物館」，在全球各地發展護法組織與中心，而靈鷲山的平安禪法也在臺灣、中國、東南亞、美國、歐洲等地逐步推廣，也慢慢完善四期教育的修學，並開始在各地推廣四期教育的學習。現今，心道法師延續世界宗教博物館「尊重、包容、博愛」的精神，推動「愛地球、愛和平」的全球運動，並以創立「生命和平大學」為具體計劃。

　　靈鷲山水陸空大法會是殊勝莊嚴的生命和解場域。啟建這二十五年來，堅持傳統的法事儀軌之外，也有不少的創新，例如於正式法會啟建前，舉辦五場先修法會；在外壇佛事中，增加藏傳密壇、南傳壇，讓三乘的佛法傳承在同一場域進行；每年設立公益牌位，為歷史事件或意外事故罹難者超薦；法會壇城藝術化；朝聖導覽，讓信眾更了解水陸法會的功德利益與殊勝；結合地方宗教團體，舉辦宗教聯合祈福會等等。今年為迎接法會啟建的第二十五年，特別迎請臺灣北部十八所寺院的二十五尊觀音法像至現場安座，更添法會殊勝。

一、慈悲行持・地球平安

心道法師因幼年經歷戰亂，對於觀音菩薩聞聲救苦的悲願、慈悲度眾的精神，生起了很大的信心，因此發願這一生都將奉行觀音菩薩的行願，弘揚觀音菩薩的法門。靈鷲山是修行與弘法並重的觀音道場，除了日常在生活中落實六項生活原則：一心、二愛、三好、四給、五德、六度之外，心道法師希望弟子能以持誦〈大悲咒〉為每日功課，時時與觀音菩薩相應，長養菩提心。在弘法上，靈鷲山在臺灣舉辦各類的弘法活動，包括平安禪的推廣，法會的啟建，並在下院聖山寺金佛殿為百八觀音銅雕舉行開光灑淨儀式；尤其今年是靈鷲山第二十五年啟建水陸法會，每年盛大的水陸法會，凝聚上萬的功德主與千位以上的志工，同在桃園巨蛋體育館虔誠領受法施，猶如極樂世界中的菩薩，時時聽經聞法、布施供養。

此外，靈鷲山在海外的弘法，逐漸深入東南亞地區，獲得廣大信眾的認同。已連續六年舉辦的「宗風共識營」今年移師至泰國舉辦，在馬來西亞檳城舉辦的「千人禪修音樂會」也邁入第三年；特別的是十一月底時，靈鷲山首度到馬來西亞舉辦漢傳的短期出家淨戒會，讓戒子們體驗清淨的出家生活，為未來生命種下佛法的善種子。

在推動「愛地球、愛和平」全球運動上，靈鷲山自二〇一七年推動淨灘，並認養貢寮澳底石碇溪出海口，經過一年來的持續不輟，獲得社會的認同與肯定；二〇一八年，除持續認養石碇溪出海口，更認養貢寮挖子海灘，號召更多人來共襄盛舉，也獲得企業單位來觀摩、學習、交流。此外，靈鷲山也參與百合復育、植樹等綠化活動，並在緬甸弄曼地區推動友善大地的有機種植，以行動來愛地球。

（一）大悲閉關21

靈鷲山自二〇〇八年開始在各區會講堂推動「大悲咒共修」，信眾透過共修〈大悲咒〉，與觀音十心相應，讓我們自己也變成觀音菩薩。從二〇一二年起，靈鷲山啟建首場「大悲閉關21」，希望在共修的能量共振中，將功德迴向臺灣平安、社會平安、地球平安。今年「大

悲閉關21」關期為四月二十九日至五月二十日。僧信二眾藉由持咒、繞佛、攝心、經行等方式，與觀音菩薩連結，祈願悲心轉念、地球平安。除了大悲閉關外，靈鷲山護法會各區會在二〇一五年起，於靈鷲山祖庭宜蘭寂光寺旁的龍潭湖湖畔舉辦首場「第一屆全臺大會師——持誦大悲咒祈願地球平安活動」。直至今年，全臺已有四個區會輪流籌辦，今年十月，輪到靈鷲山護法會新北市C區會於新北市樹林區猨寮公園舉辦第四屆大悲行腳「新北有愛·地球平安」活動，大眾跟著心道法師的唱誦，一同持誦〈大悲咒〉，沿著新北市猨寮公園繞行，以行動推廣「愛地球、愛和平」的理念。

（二）百八觀音

靈鷲山為觀音道場，在修行上，以觀音法門，如〈大悲咒〉、平安禪的寂靜修等為主要修行法門。建設上，二〇一八年於下院聖山寺金佛殿安座了全世界首見的「百八觀音」與靈鷲山寧瑪噶陀傳承的千手千眼觀音彩繪銅雕。靈鷲山最初是從日本德林寺住持高岡秀暢法師所出版的《百八觀音木刻圖像集》一書中，得知尼泊爾「百八觀音寺」。並在多次前往尼泊爾考察以及各方文獻資料收集，邀請唐卡畫家昆桑切培喇嘛與臺灣工藝大師林健成老師與其工作團隊虔誠專注創作完成，前後歷時十年。在九月，恭請心道法師、新北市佛教會理事長淨耀法師、臺北市佛教會理事長明光法師主法，為百八觀音彩繪銅雕聖像灑淨開光。

（三）靈鷲山第二十五屆水陸空大法會

心道法師早年於塚間苦修時，曾發願為眾生修建超薦法會，超渡幽冥眾生，幫助他們離苦。開山弘法度眾後，為實踐承諾，於一九九四年起，年年啟建殊勝的水陸空大法會，為眾生凝聚善念善緣，作生命的大和解。

每年，靈鷲山水陸空大法會啟建前，都會先行舉辦五場的先修法會，讓功德主能夠時時謙卑禮懺、滌淨一年的障礙，並將五場水陸先修功德迴向水陸空大法會，祈願啟建順利，先者超生，功德主消災。今年，靈鷲山特別安排第四場水陸先修法會於臺北市和平籃球館啟建，場地適巧呼應到靈鷲山「心和平、世界就和平」的理念。

今年靈鷲山的水陸法會，仍秉持悲願、嚴謹、平等的「大普施」精神，遵循傳統儀軌，如禮如法、恭敬嚴謹地啟建法會。二○一八年，是靈鷲山水陸法會第二十五年啟建，今年以「觀音共會、宗教共願」的精神，除了擴大舉辦宗教聯合祈福會，還特別邀請臺灣北部十八座觀音廟宇及靈鷲山毗盧觀音共二十五尊觀音神尊安座現場，普灑甘露，普照眾生。此外，今年的水陸法會，三乘高僧雲集，更添殊勝，包含南傳上座部緬甸國家最高教育班智達大師僧伽法庭庭長及總秘書長班迪達比溫達大師（Bhaddanta Sandi Marbhivamsa）、藏傳寧瑪派第七任掌教教主同時也是噶陀傳承黃金五法座之一的格澤法王（H.H.Kathok Getse Rinpoche）、緬甸仰光全國上座部佛教巴利大學校長鳩摩羅尊者（Bhaddanta Kumara）、龍欽心髓菩提佛學會朱祖吉美仁波切、緬甸國家撣邦省木傑縣督喀明達大師（Bhaddanta Sukha Min Da，木結大師）、緬甸國家撣邦省臘戌崩亞南達大師（Bhaddanta Ponnya Nanda，曼殊大師）等上師共同蒞臨法會現場，為法會加持，使今年的水陸法會更顯殊勝。

此外，靈鷲山在水陸空大法會圓滿後，於法會現場原地舉辦「第二屆生命和平音樂會」，以「愛地球、愛和平，我就是力量」，將生命和諧、生態環保、愛與和平的理念，與生命和平大學結合，讓大眾一同從「心」做起，創造生命的安定，帶動世界走向和平。

（四）馬來西亞大乘短期出家淨戒會

靈鷲山首度在海外舉辦大乘儀軌的「短期出家淨戒會」。恭請心道法師為得戒和尚，臺灣妙法寺大雲法師為教授和尚，中國聞諦法師為羯磨和尚等三師，為戒子正授戒法。靈鷲山在一九九八年，於無生道場舉辦首屆短期出家修道會，藉由短期出家的殊勝功德，讓忙碌的在家眾，在體會受戒、儀軌及法儀的過程中，止息煩惱，續佛慧命。在嚴謹的儀軌下，上百位戒子接受佛陀傳承，傳承了佛陀甚深安定解脫的法教。

（五）宗風共識營

為傳承與凝聚靈鷲人的共識與修行教育，靈鷲山分別為常住僧眾、在家同仁舉辦「宗風共識營」。讓僧眾與在家同仁在四期教育與六項生活原則的共同見地下，實踐「愛地球、愛和平」運動。

靈鷲山護法會則為海外幹部委員舉辦「第六屆亞洲宗風營」，今年特別移師泰國當地舉辦，現場有來自印尼、臺灣、香港、中國大陸、吉隆坡、檳城、柔佛、新加坡以及泰國當地，共一百多名護法幹部學員參與營隊。心道法師也親自蒞臨現場，期勉海外佛子精進的學習佛法，大悲周遍到每一位眾生。藉由一年一聚的機會，海外學員彼此交流佛法，凝聚靈鷲人共識。

國內幹部委員則持續舉辦「四季幹部成長營」，及負責訓練儲備委員的「儲委精進營」、「授證委員精進營」。讓每一位護法信眾雖身處不同職務，透過佛法相連，共同精進佛道。

（六）慈善志業

宗教是人類心靈的依託，也承擔起社會救助的責任，為弱勢者、困頓者提供身心的幫助與紓解。靈鷲山成立慈善基金會即是為了讓大眾能夠因為信仰而過得更好，找到服務生命、奉獻生命、圓滿生命的機會，幫助他人面對、解決各種苦難與挫折。

靈鷲山「普仁獎」，自二○○三年創辦以來，不以功課好壞為唯一評審標準，而是著重在小朋友的品德，且委託家訪志工實地探訪，以及評審委員的評選，遴選出真正具有助人胸懷的小太陽，因此獲得社會各界與學校校長、教師、家長的肯定。今年共有八百五十三位品格優良的小朋友獲得地區普仁獎；以及五十四位從各地區推薦，獲頒全國普仁獎的鼓勵。每年普仁獎鼓勵處於逆境的孩子們，仍能抱持著慈悲、感恩、惜福的善心，啟發社會正向、樂觀的力量。

在急難救助上，農曆年前夕的花蓮地震、四月桃園平鎮的工廠大火、以及十月宜蘭普悠瑪列車出軌等意外事件，都帶來許多生命的傷亡

與經濟的損失。心道法師說：「面對意外，我們永遠無法掌控，唯一能掌控的只有現在這個善良的心，所以我們要多付出善心，幫助他們，讓生命都是良性的循環」。靈鷲山在災難發生時，除第一時間動員全球弟子為傷亡者持誦《觀世音菩薩普門品》、《佛說阿彌陀經》、〈大悲咒〉等經咒，迴向亡者安靈、傷者遠離驚恐、身心安定；也由常住法師帶領靈鷲山護法委員至災害發生現場，為亡者助念、追思，為受災及救災人員送上救濟物資及九宮八卦，撫慰身心。

在教育方面，靈鷲山慈善基金會連續第二年與新北市政府消防局合作舉辦暑期兒童消防夏令營「夏日饗宴——發爾麵How Fun」教育活動。免費提供活動場地，讓參與消防夏令營的孩子們能夠有機會上山與靈鷲山結緣。

在海外援助上，靈鷲山慈善基金會自二〇一六年底首度組織退休教師志工至緬甸臘戌地區協助緬北華文學校提升教學能量，今年也組織兩梯次的「華文學校教師增能計劃」，到臘戌地區為華文學校提供教學經驗交流，除了到各校入班觀課、個別輔導外，也傳授語文、數學、幼教等領域的教學理念與技巧。醫療義診方面，安排臺灣口腔照護協會及長庚國際志工醫療團隊前往緬甸臘戌偏鄉地區，為當地居民進行醫療義診，並於臘戌弄曼沙彌學院為小沙彌及教職員進行健診，另也協助當地種子醫師、學院新聘護理人員瞭解醫療照護的作法，進行預防性醫學協助。

（七）緬甸供僧大法會、短期出家修道會

靈鷲山自二〇〇二年起，每年於歲末舉辦緬甸朝聖暨供萬僧活動，由心道法師親自帶領來自世界各地的弟子，在緬甸氣候最舒適的季節，朝禮緬甸佛國的聖地，並藉由供養僧眾，啟發自己的慈悲心，堅固道心。而靈鷲山也自二〇一三年開始，於緬甸舉辦「南傳短期出家修道會」，從出家的清淨戒行生活中，為未來生命種下成佛種子。

今年是「第十七屆緬甸供萬僧法會」，首次於緬甸佛教文明古城勃固省瑞摩多佛塔進行供僧，當天有五千位比丘一起接受供養，堪稱勃

固省有史以來最大的供僧活動。接著於佛教史上第六次經典結集的世界和平大石窟舉行供僧法會。緬甸國家僧伽委員會主席鳩摩羅毗文沙尊者與各委員，以及來自各地的僧伽長老賢聖僧們也前來受供。十一月，緬甸仰光大善園寺國際禪修中心舉辦了「第六屆南傳短期出家修道會」及「第二屆女眾南傳短期出家修道會」，靈鷲山戒子們藉著此機會，深刻地體驗了南傳佛教的出家修行生活。

二、平安禪法・讓心回家

平安禪為心道法師早年塚間實修的體驗歸納，是靈鷲山推廣的禪修法門，更是每一位靈鷲人的日常功課。禪修是一種認識自己的方法，我們可以透過禪修理清自我思緒，摒除煩惱，找回清楚的心。今年靈鷲山適逢開山三十五週年，主題為「邀請有緣人回山，讓久違的心回家」，讓大眾在學佛的同時，透過禪修，讓自己的心回家。

（一）僧眾安居閉關

今年，靈鷲山為常住僧眾分別舉辦二十八天的春安居閉關，以及秋季十天的精進閉關，透過皈依發心的儀式進入禪修，發願讓眾生也能成就佛道，去除我執，利益眾生而入禪關。全體僧眾在閉關期間，斷除外緣，勇猛精進，收攝反省，向內淨化。出關後，以嶄新的能量接引更多善緣，繼續把佛陀的法教傳承下去，為眾生解決生命的問題，找到生命的答案。而緊接在春安居後，靈鷲山也舉辦二十一天的信眾精進閉關，讓在家居士在禪修中放下俗務，與自己的心在一起，體驗內心的空明，潔淨無物。

每年年底，靈鷲山華嚴法會於下院聖山寺善法大樓啟建，由靈鷲山常住法師引領全體信眾共同持誦《大方廣佛華嚴經》，作為眾人一年來的收攝。今年特別於下院聖山寺金佛殿舉辦兩場「華嚴經柱裝臟大典」，邀請海內外護持靈鷲山建設的功德主前來，親自將刻有功德主姓名的銘版投入華嚴經柱中，以感念善信的供養，並祈願讓佛法永住，弘法利生。

（二）平安禪修

心道法師融合三乘的禪修法門為方便入手的平安禪法，透過不斷地反覆修習，終能獲得身心寂靜輕安。平安禪法共有四步驟，分別是調息、靜心觀照、覺知出入息以及聆聽寂靜，從調身、調息入手，漸次進入調心。靈鷲山在圓通寶殿灑淨開光後，成為無生道場的禪堂，每月固定舉辦禪三或禪七、禪二十一，在常住法師的示範指導下，讓學員從身心放鬆，逐漸掌握攝心之法，體驗身心的靜默，深入禪法的滋養。而靈鷲山的各區會講堂每週定期舉辦平安禪共修，邀請不論是初學者或是老參，都能在各區講堂養成禪修的習慣。

二〇一八年心道法師的國外寧靜行腳，首先前往奧地利、德國兩地主持平安禪閉關，也分別在中國無錫、福州等地傳授平安禪，今年也前往東南亞地區傳授平安禪法。而心道法師繼二〇一六年後，再度受韓國首爾參佛禪院院長覺山法師邀請，前往韓國江原道參加「第五屆世界禪修大會」，在會中帶領與會學員學習平安禪。

（三）全球心寧靜教師團

為配合現代人的需求及語言，心道法師重新整理、思考後，提出「深呼吸、合掌、放鬆、寧靜下來、讓心回到原點」的簡單步驟，將禪修變成每人、每天皆可具體實踐的「寧靜運動」。全球心寧靜教師團在心寧靜手環、寧靜一分鐘、寧靜之歌等教學工具輔助下，在全臺及馬來西亞舉辦多場研習教學活動，並且同時舉辦研習營提升教師團人員素質，讓教師團的教師與志工更有能力深入校園、地方推廣寧靜的理念。

除了傳統的研習課程外，今年也安排全臺各級學校校長，透過「教育領導生活禪體驗營」，進行「行的覺知、心的觀照」禪修體驗課程，由法師親自指導禪修教學，提醒學員自我，面對教育莫忘初衷，發揮正向循環的成果。

三、推動成佛教育‧投入生命大學習

靈鷲山的教育，以心道法師提出的四期教育修學理念為指導，依著阿含期、般若期、法華期、華嚴期的次第，將佛陀一生說法演教的法要，與心道法師的修行體悟，統整編輯成四期教育教材，讓任何年齡層的人都能依照這個次第，漸次修行、學習，逐步踏上成佛之路。

（一）僧眾教育

今年，在僧眾教育，先是邀請藏傳佛教寧瑪噶陀派傳承及印度德拉敦地區寧瑪大寺敏卓林佛學院院長堪祖拉尊仁波切昆秋韋瑟教授中觀專題。年中，則連續四年禮請緬甸仰光全國上座部佛教巴利大學校長鳩摩羅尊者（Bhaddanta Kumara）及教務主任Ashin Therasabha教導如何在生活的微細處觀照自己的威儀。

在年底，邀請持有寧瑪、竹巴噶舉傳承的措尼仁波切來山為僧眾講授「大圓滿專題」，讓僧眾透過三乘圓滿的修學，建立學佛傳法的根基，將這份傳承，傳授給眾生，也讓眾生獲得同樣的信心。靈鷲山僧眾同時精進於入世法教，常住邀請了國立臺灣師範大學環境教育研究所葉欣誠所長為僧眾主講「環保專題講座」，從環境問題的根源，瞭解到社會環境災害各種不同面向的因素。也於九月底，開辦「生命關懷」的大堂課程與師資培訓課程。

（二）信眾教育

信眾教育，靈鷲山從二〇一五年起，於全臺講堂開設四期教育課程。包括「阿含期初階課程──初轉之法」、「阿含期進階課程──無我之道」，今年特別安排「四期教育專題課程──生命關懷」，由靈鷲山常住法師於慧命教室、各區會講堂為信眾、職工同仁等講授生死議題，以及臨終過程中可能遇到的狀況，應該如何安排與面對。讓學員在課後，仔細思量如何以佛法的力量去面對生死的課題。

十二月，特別禮請緬甸國家持二藏比丘師利甘闍那（Thiri Kinsana）來臺，於世界宗教博物館生命和平多元空間教授南傳「經

教」和「禪法」，安排離苦之道、《吉祥經》、《慈經》、四種當代上座部禪法、安那般那念、經行等課程。

今年龍樹生命和平教育課程（Nagarjuna Education for Peace and Life）安排靈鷲山常住法師授課、帶領禪關，以及前往加拿大「第七屆世界宗教大會」進行海外實習課程。在大會現場，由龍樹生命和平教育課程學員於世界宗教博物館特別規劃特展展區，協助向國際友人介紹靈鷲山與世界宗教博物館，推廣心道法師「愛地球、愛和平」的理念。

四、「愛地球、愛和平」‧推動全球生態倫理

今年，心道法師受邀參加於加拿大多倫多舉辦的「第七屆世界宗教大會」，在會中，師父提出以「多元共生、相依相存」為核心的全球生態倫理，學習各文明的智慧與自然生態和平共存，不過度消費地球資源，保護地球的健康。師父提出經由靈性的覺醒，我們更能夠知道萬物是共同生存在這個地球上，物種的生存危機與地球的健康緊緊相連，唯有地球永續，萬物才能繼續生存，知道這個原理，我們就能找出方法，開始採取行動，治癒地球。這是心道法師在創建世界宗教博物館後的延伸。因此，師父希望成立一間「愛地球、愛和平」全球運動的機構——生命和平大學，在全球生態倫理的基礎下，培養一群為地球診脈、採取行動治癒地球的種子。

（一）世界宗教博物館特展與講座

今年世界宗教博物館分別舉辦「第一屆觀音文化國際論壇」與「二〇一八博物館、博物館學與神聖」國際研討會，邀請國內外專家學者就主題發表演說，從不同宗教信仰的文化角度，分享彼此的經驗。

世界宗教博物館身為全臺灣第一座通過「博物館法」登記立案的私立博物館，在年初與合稱「臺灣四館」的國家圖書館、國立國父紀念館、國立中正紀念堂管理處、國立臺灣文學館合作舉辦「絕品的分身術——移動的敦煌‧宗教經典再現‧國寶書畫複製」藝術特展。藉由珂羅版工藝技術，讓目前館藏於國立故宮博物院清朝乾隆皇帝所收藏之王

羲之的《快雪時晴帖》；藏於北京故宮《中秋帖》、《伯遠帖》的三件國寶重新合璧。

六月，以「回返自然」、「靈性觀照」與「生命信仰」三個面向，與宗博館創辦人心道法師的「愛地球、愛和平」，敬天愛地、生態永續的理念舉辦「山‧靈‧敬──回返祖靈智慧的人間淨土」特展。邀請來自阿美族、泰雅族、太魯閣族、賽德克族、魯凱族、排灣族、卑南族、布農族等十六位重量級藝術家參與。

另外，為紀念臺灣工藝大師林健成在完成靈鷲山百八觀音彩繪銅雕法像巨作，即捨報離世，特別於七月舉辦「觀音緣‧無盡藏，觀音緣‧普世之光──百八觀音與林健成先生紀念特展」，感謝林健成老師在蠟像、工藝藝術與製作靈鷲山百八觀音銅雕藝術的成就。

十一月，世界宗教博物館展出「深河遠流──南傳佛教文化特展」，精選心道法師修行路上重要的良師益友──遠光法師在創館初期所捐贈近百件來自緬甸、泰國、柬埔寨等國家的南傳佛教文物，帶領參觀民眾沿著深河遠流，走向南傳佛教文化的璀璨藝術。

世界宗教博物館之所以能有別於一般博物館作為文化展品的平臺，原因在於世界宗教博物館不僅詮釋展品物件本身的歷史、美學以及文化背景，更注重如何啟發參觀者的初心、找回自己的本心，這正是世界宗教博物館創辦人心道法師的理念與初衷。

（二）世界宗教大會

靈鷲山在二〇一八年持續與國際交流接軌，心道法師以世界宗教博物館創辦人身分受邀參加於加拿大多倫多舉辦的「第七屆世界宗教大會」（Parliament of the World's Religions，PoWR），並為此次會議重要宗教領袖之一。

在開幕儀式的演說中，心道法師以氣候變遷為主題，說明南北極冰川崩解以及地球物種瀕臨滅絕危機的現況，呼籲大眾療癒地球要從靈性的力量出發，推動多元共生、相濟共存的全球生態倫理，讓地球萬物

與人類生存得以永續下去。會議期間，心道法師接受來自英國伯明罕的錫克教精神領袖摩伊德‧辛格（Bhai Sahib Mohinder Singh Ji）邀請，分享創建世界宗教博物館、推動生命教育，以及目前在緬甸籌建生命和平大學的經驗。摩伊德向心道法師表示，目前已經以宗博館為啟蒙教材，在倫敦建立一所中小學，未來也有創立大學、宗教博物館等計劃。心道法師也應以色列「以利亞宗教交流協會（Elijah Interfaith Institute）」舉辦的「跨宗教的友誼：宗教領袖的見證與忠告」論壇，分享靈鷲山與天主教神父之間的友誼，以及靈鷲山護持隱修院所建立起的跨宗教深厚友誼，並希望宗教與宗教之間擁有如同兄弟一般的神聖情感，大家能夠有共同的理念，把同樣的一件事做好，產生和諧共振的力量，就可轉化全球，消弭危機。

（三）國際交流

梵諦岡宗教對話委員會秘書長阿尤索（H.E. Msgr. Miguel Ángel Ayuso Guixot）主教及副秘書長英都尼蒙席（Msgr. Indunil J. Kodithuwakku K.）再次來山，與心道法師會面。靈鷲山與梵諦岡在二〇一七年曾合作舉辦「第六屆佛教徒與基督徒的對話研討會」，因此建立起深厚交流的情誼。祈願在與不同宗教透過彼此對話分享共同的經驗中，為我們所生存的地球做最好的保護與延續。

（四）生命和平大學

靈鷲山將於緬甸建立一所生命和平大學，以教育來啟動愛地球的全球運動，並將致力於研究如何療癒地球，同時提出解決方案落實於生活、並廣推於大眾。心道法師曾開示：「愛地球是我們生命共同的方向，也是生命覺醒以後的出發；培育愛與和平的傳教士，這就是我們要蓋生命和平大學的原因。」

今年心道法師於歐洲奧地利賴歇爾斯貝格（Reichersberg）舉辦生命和平大學智庫會議，邀請來自德國的Ernst Pöppel教授、Michael von Brück教授以及在臺灣參與視訊會議的曾志朗教授、陳富都教授等進行討論，讓生命和平大學的課程架構更落實。

緬甸仰光實驗冬季學校將於二〇一九年一月正式開課，以「解決生態危機的根源：邁向新戰略」為主題，進行為期兩週的課程。邀請十二位專業領域的國際知名專家學者透過小組授課，讓學生互相學習，針對人類生活所產生的問題，共同合作專案研究來尋求解決方案。培養來自世界各地的學術研究人員，在佛陀的覺醒及慈悲中，以科學的精神發現讓地球和平、永續的DNA。

五、結論：靈鷲三十五・開展善業共振

二〇一八年為靈鷲山開山三十五週年，更是靈鷲山跨出「愛地球、愛和平」全球運動重要的一年。在新的一年，靈鷲山秉持道德、慈悲、愛心的本質，從建立全球生態倫理出發，以愛的本質來串連彼此，重建人與自然的和諧共生關係，走向生命大和解。

靈鷲山在四期教育的推動下，帶領僧信二眾以禪修為主軸，在生活中解行並重，時刻升起菩提心，不忘失自我的佛性。今年為水陸空大法會第二十五週年，感謝南傳的尊者、藏傳的仁波切、漢傳的大和尚慈悲護念，以及靈鷲山常住法師、功德主、志工菩薩的辛勞，共同成就法會的莊嚴，圓滿這場大普施、大學習、大共修的莊嚴法會。

靈鷲山在二〇一六年啟動「弄曼計劃」第一期的沙彌學院，學院至今已收容逾三百五十位沙彌，巴利文專班則有十六位沙彌。在緬甸撣邦臘戌舉辦的巴利文考試中，報考沙彌也屢創佳績，創下當地紀錄。

創辦生命和平大學，具有劃時代的價值意義，讓我們個人回歸靈性、改變自身行動、影響周遭朋友、甚至下一代，像共振效應一般，在社會的每個場域，都將產生愛地球的集體意識，而這種靈性覺醒的啟發，其實就是心道法師經常在說的「心和平，世界就和平」。

地球上的每一個生命需要彼此和解，人類也必須與地球達成和解，成就地球一家，資源共享，才能夠造福整體，讓地球永續、生命相濟共生。

壹月
January

靈鷲山臘八送暖迎平安
共享佛粥庇蔭 祝福來年平安

↑ 靈鷲山法師帶著細心熬製的臘八粥，於佛陀成道日前夕，分送給貢寮區鄰里鄉親。

靈鷲山下院聖山寺連續第六年舉辦「臘八送暖迎平安」活動。由靈鷲山法師及多位志工將臘八粥及靈鷲山開山大和尚心道法師二○一八年墨寶春聯「順天知命福壽全」發送於貢寮、雙溪、澳底區等鄰里鄉親、各公教團體。

佛教徒為紀念釋迦牟尼佛在農曆臘月初八於菩提樹下開悟成佛，故在每年的「佛祖成道日」，用米和乾果煮粥供佛，廣分送親朋好友，此粥便被稱為「臘八粥」。

在發送臘八粥當天，靈鷲山常住法師及基隆講堂的志工菩薩，總共近七十人分為六條路線行動。一路從貢寮、雙溪、澳底等地親送四千碗臘八粥和墨寶春聯，為當地居民在歲末寒冬送上至誠祝福，也希望與大眾結緣共享佛粥庇蔭，祈求平安吉祥。

今年靈鷲山法師也特別前往位於貢寮區的豐珠國中發送臘八粥。豐珠國中所設立的中途學校，學生多半為中輟、家庭功能失調的特殊個案小孩。靈鷲山法師現場帶領孩子體驗一分鐘平安禪，希望藉由禪修，讓孩子產生愛的連結。校長也希望日後若有時間，法師們一定要再來學校帶領禪修、回來看看孩子。

靈鷲山嘉義中心新據點動土典禮
期盼成為嘉義人心中淨土

　　靈鷲山十幾年來以承租方式，在嘉義市吳鳳北路建立靈鷲山嘉義中心，供嘉義民眾共修學佛。但隨著學佛人數日益增長，原有空間不敷使用，故而另覓地點。終於在二〇一七年底尋覓到一塊新據點，期許成為承載嘉義人心靈的「心」所在。

　　新據點動土儀式當天，心道法師親臨主持動土儀式，蒞臨現場的嘉賓包含嘉義市長涂醒哲、副縣長吳芳銘、前議員郭文居、嘉邑行善團蔡萬華理事長、嘉義城隍廟賴永川董事長等多位地方人士到場與會，共同見證這喜悅的一刻。

　　心道法師在致詞時表示：「非常感恩嘉義地區的願力菩薩們發了這樣的大願，以信心與愛心做出生命的亮點。不僅為了眾生，也為自己的生命有一份喜樂的豐收。也因為有大家的發心布施，以及全力護持，才讓臺灣這塊寶地充滿吉祥與愛心。我們現在在嘉義有了一塊新據點，希望能夠成為眾生心靈安定的所在，讓每個人都能在這裡找到『心』的家。」

↑心道法師蒞臨主持嘉義中心動土祈福儀式。

心道法師緬甸弘法行程
和平安寧心願望

↑心道法師與曼殊大師（左五）於中國遠征軍將士紀念碑前灑淨。

　　二〇一八年初心道法師前往緬甸弘法，行程包含「曼殊大師弘法三十週年的紀念會」、「靈鷲山弄曼大善園寺臥佛殿開光典禮」以及「萬福和平安寧功德佛塔開光裝置寶傘典禮」。這三個具有和平意義的盛會接連舉行，體現了當地民眾對和平的渴望。

　　心道法師抵達緬甸後，旋即前往曼殊大師弘法三十週年的紀念會祝賀。曼殊大師（Bhaddanta Ponnya Nanda）於緬甸北部弘法利生近三十餘年，一生致力收容因戰亂受難的人民，是緬甸臘戌地區相當著名的弘法大師之一。在一月三十一日當天，心道法師回到弄曼大善園寺主持「臥佛殿開光典禮」，靈鷲山計劃在弄曼大善園寺建設臥佛殿、坐佛殿、觀音殿、佛塔及禪修區等地，讓當地及來自全球各地的民眾都能找到自我心靈安住的一處。

在二月一日，心道法師應邀出席於臘戌滇緬公路旁舉辦的「萬福和平安寧功德佛塔開光裝置寶傘典禮」。修建功德佛塔的緣起是為紀念一九四二至一九四五年間中國遠征軍將士犧牲的英魂，故將臘戌滇緬公路邊的舊佛塔重新修建為功德塔，以茲紀念。

典禮當天，心道法師與緬北麥彭大師（Mine Phone Sayadaw）、臘戌曼殊大師、雲南召祜巴等傣大師、雲南召祜巴問地達大師等共同主持，另外還有遠征軍後裔戴澄東等七人以及少數民族包括：傣族、果敢族都出席支持。

↑心道法師及雲南、緬甸地區大師們親臨萬福和平安寧功德塔開光裝置寶傘典禮，體現大眾對和平安寧共同的渴望。

幼時曾在滇緬邊境經歷過戰亂的心道法師，期盼這莊嚴巍峨的金黃色佛塔，照拂著來來往往人們，讓萬靈和平安寧，為更多人找到心靈的和平。

↑心道法師於靈鷲山緬甸弄曼大善園寺主持臥佛開光典禮。

壹
月

貳月
February

達隆噶舉夏忠法王來山參訪
教授調整自心保持正念

藏傳達隆噶舉傳承法王夏忠仁波切帶領大堪千昆秋嘉辰仁波切、堪千尼瑪嘉稱仁波切、敏鷲多杰仁波切等二十二位出家及在家居士，在靈鷲山常住法師陪同下，參訪靈鷲山聖山寺及無生道場。

靈鷲山常住法師引領法王參訪下院聖山寺金佛殿的三尊金佛與百八觀音銅雕，夏忠法王參訪當天，適逢龍樹生命和平教育課程（EPL）學員於聖山寺善法大樓進行課程，法王特別為這些來自世界各地的青年學子們說法開示。法王向學員們介紹了藏傳的法脈傳承，更以佛陀「無常」的法教教導青年學子們，要保持心的正念，時時調整自己的心，而禪修就是最好的修行法門。

隨後一行人轉往上院無生道場，在開山聖殿點燈、供花，由靈鷲山法師介紹殿堂內的聖物、聖石；並於圓通寶殿中為即將進行三日禪修的學員祈願祝福。在參觀完無生道場後，夏忠法王深嘆心道法師當年開山的艱辛，才能有今日如此殊勝的寺院呈現。

↑藏傳達隆噶舉傳承法王夏忠仁波切（後排右六）帶領僧眾前來靈鷲山參訪。

靈鷲山協助花蓮地區震災
祈願災害遠離 地球平安

↑心道法師多年弟子花蓮海洋大飯店負責人林炳煌師兄（右一）協助靈鷲山團隊前往最前線關懷
災民及警消人員。

臺灣花蓮縣於二月六日深夜發生芮氏規模6.0強震，造成多棟大樓倒塌傾斜、多人傷亡等災情。心道法師一得知消息立即指示靈鷲山慈善基金會，進行救災捐款、募集《觀世音菩薩普門品》、〈大悲咒〉等行動，並由花蓮共修處執事法師寶宏法師帶領當地師兄姐前往慰問第一線救災人員及收容所災民，並將募集的《觀世音菩薩普門品》及〈大悲咒〉，陸續迴向花蓮，祈願花蓮民眾遠離一切災厄。

靈鷲山慈善基金會董事長性月法師及工作人員在九日抵達花蓮，探查災情，並前往花蓮縣立體育館、中華國小等收容所關懷受災災民。隔日，接受當地花蓮民政機關主管邀請，前往殯儀館關懷亡者眷屬。

　　四月二十八、二十九日，靈鷲山接受花蓮縣政府邀請，參與中國佛教會啟建之「花蓮縣0206大地震消災祈福暨超薦大法會」，並贊助經費及贈送參加人員平安壽桃。會後，靈鷲山法師代表出席花蓮縣政府主辦之「0206震災捐助及協助救災等善心有功人員感恩暨表揚餐會」，接受花蓮縣政府表揚及致贈感謝狀。

　　靈鷲山至今已募集一萬八千部《觀世音菩薩普門品》、十三萬遍〈大悲咒〉以及愛心捐款，下院聖山寺也為亡者、受災家屬及救護人員點燈祈福。花蓮當地師兄姐仍持續投入關懷救災的行動，祈願所有受災戶免離驚恐、身心安定，地球平安。

　　心道法師曾開示：「天災的無常來襲，總讓人擔心受怕，平時要多念經迴向眾生離苦得樂、消災解厄，祈求平安是為首要。」

↑靈鷲山慈善基金會董事長性月法師代表靈鷲山前往災區，將心道法師特別加持的平安保身九宮八卦贈與警消人員，願搜救行動順利。

靈鷲人歡喜迎新春
福壽雙全過好年

↑新春期間，心道法師為大眾開示祝福。

　　二月十六至二月二十日新春期間，靈鷲山於上院無生道場及下院聖山寺規劃一系列的新春活動，邀請社會大眾前來東北角最美麗的道場走春。靈鷲山開山大和尚心道法師為二〇一八年墨寶春聯提字「順天知命福壽全」，希望大家共同愛地球、愛和平，促進一個與自然和諧共生的乾淨地球，隨順自然的過生活，自然福壽雙全。

　　從初一至初五，上院聞喜堂二樓啟建「財寶天王薈供法會」，提供民眾禮拜財寶天王修財神法、請供財神寶瓶；華藏海財寶殿所供奉來自泰國的星期佛，讓民眾可以朝拜自己生日的守護佛，祈請加持。另在文化走廊規劃了「靈鷲山開山三十五週年特展」以及「平安茶館」、「靈鷲山四期教育禪」體驗活動，呈現一系列禪宗公案，讓來山走春信眾體驗禪味。

　　下院聖山寺戶外廣場設有新春主題拍照區，喜氣洋洋充滿年味。金佛殿內則舉辦「祈牽佛手迎新年活動」，供民眾頂禮三尊金佛後，與金佛牽手，並開放金佛後方的百八觀音彩繪銅雕，讓民眾禮拜。參與新春活動的民眾還可在金佛殿內抽觀音靈籤，祈願觀音指引新年新方向。

　　在年初一彌勒佛聖誕吉日當天，心道法師於下院聖山寺善法大樓引領大眾齊念祈願文，並親自敲響運鑼，啟亮「戊戌狗年光明燈」。參與啟燈儀式的信眾，獲得福全平安米香餅，祈願闔家吉祥、光明平安一整年。在初三到初五的新春迎財神活動中，心道法師親臨接引信眾，並為大眾加持開示。初三至初五同時於聖山寺善法大樓啟建「新春祈福‧法華法會」，邀請大眾一同共修《大乘妙法蓮華經》，讓身心受到滌淨，福慧無量。

　　心道法師在新春開示：「希望大家在新的一年，能比去年更旺，也鼓勵大家平時把善緣做好，多做善事累積福報，讓每個人都成為自己的貴人。我們對每一位眾生都要慈悲，那麼自己生命的互聯網就會豐收，得到很好的果實。希望大家善業具足，善心具足，探討學佛，找到生命的根源，回到我們靈性的家園。」

↑ 新春財神祝福來山的信眾，在來年都能夠接福添貴，福壽雙全。

印度臺北協會史達仁會長訪師
盼促進臺印宗教文化交流

↑印度臺北協會會長史達仁（中）新春期間到靈鷲山拜會心道法師，盼為臺印文化交流發展更多可能性。

印度臺北協會會長史達仁（Sridharan Madhusudhanan）新春期間到靈鷲山拜會心道法師，第一次造訪無生道場的史達仁會長，見到寺內建築與自然天成的景觀和諧為一，他用「平靜的熱鬧」來形容，對靈鷲山留下了深刻印象。

史達仁會長抵達聖山寺後，首先進入金佛殿禮拜三尊金佛、供寶傘、牽佛手，與夫人在寶傘上一一寫下家人的名字，希望全家都能得到佛陀的庇佑。

在志工解說下，史達仁會長聆聽著華嚴經柱的意義，夫人更是虔誠頂禮佛足。

最後心道法師以新春墨寶「順天知命福壽全」致贈史達仁會長，而史達仁會長也回贈一幅印度民間藝術畫作，當面邀請心道法師親自帶團到印度尋找佛陀足跡，做一次不一樣的朝聖之旅。

参月
March

第八屆全國普仁獎頒獎典禮
綻放太陽光芒 把愛傳播出去

↑ 心道法師致贈結緣品予各校校長，感謝關懷弱勢學生及對普仁獎的支持。

　　第十五屆普仁獎援例分十七區在全臺各地舉辦，經過學校老師的熱心推薦，家訪志工的實地探訪，評審委員的細心評選，發掘出這些難能可貴的孩子。今年總共有八百五十三位品格優良的小朋友獲得地區普仁獎，再從各地區推薦五十四位進入全國決選，獲頒全國普仁獎。這些普仁小太陽普獲各界肯定，在過去獲得普仁獎的同學中，即有多達十多位同學獲得總統教育獎。

　　第八屆全國普仁獎頒獎典禮，於三月十八日在新北市貢寮區福容大飯店舉行。頒獎典禮前一天，靈鷲山慈善基金會依照傳統，邀請獲獎同學前往靈鷲山無生道場參訪。希望藉由普仁獎創辦人心道法師自小的境遇，鼓勵這群孩子雖處在逆境中，仍能抱持著慈悲、感恩、惜福的善心，給予社會正面啟發與力

量。今年的頒獎典禮，由臺北藝術大學音樂系弦樂團以悠揚的弦樂四重奏開場，教育部常務次長林騰蛟、內政部專門委員陳文欽、新北市教育局長林奕華、連江縣教育處長陳冠人、新北市議員鄭金隆、貢寮區長陳文俊等各界貴賓，及許多獲獎學生的校長、老師們，都蒞臨現場為獲獎小朋友加油，現場洋溢溫暖與感動。

普仁獎創辦人心道法師對全體獲獎孩子說：「你們的共同特徵，就是都有一個平實又深刻的生命故事。每一天很認真、很樸實地做好份內的事情，沒有被艱困的環境打倒，這是很難得的。你們或許失去了爸爸或媽媽，或許跟阿公阿媽住在一起，或許日子過得並不輕鬆。但就像師父，從小是個孤兒，可是我並沒有自暴自棄，也沒有被命運打敗。從小就立志要做一個有用的人，於是跟著觀音菩薩學佛，發願要度眾生，要幫助別人。希望你們繼續把這份愛心傳染給別人，『用生命奉獻生命、用生命服務生命』，讓世界更美好，把愛一直延續下去。」

↑ 普仁獎創辦人心道法師與全國普仁獎獲獎小太陽及所有來賓、志工合影，期盼這些孩子繼續發光發熱，將正面能量散播到社會每一個角落。

靈鷲山普仁獎各區頒獎活動時間表

遴選地區	頒獎典禮日期	地點
澎湖	2017/12/22（五）	馬公國小資源中心
基隆	2017/12/30（六）	長榮桂冠彭園餐廳
連江	2018/01/12（五）	中正國中禮堂
臺中	2018/01/14（日）	臺中市政府
嘉義	2018/01/14（日）	嘉義中心
臺南	2018/01/14（日）	臺南遠東國際大飯店
臺北	2018/01/20（六）	中山區中山國小
桃園	2018/01/20（六）	桃園高中
高屏	2018/01/20（六）	高雄市立龍華國小
花蓮	2018/01/20（六）	花蓮縣議會
新竹	2018/01/21（日）	竹北體育館
新北	2018/01/21（日）	三重社教館
臺東	2018/01/21（日）	臺東社會福利館
金門	2018/01/24（三）	中正國小
宜蘭	2018/02/04（日）	蘭陽講堂
全國頒獎典禮	2018/03/18（日）	（福隆）福容大飯店

看見平實深刻的生命故事
第八屆全國普仁獎頒獎典禮
師父開示

↑心道法師為全國普仁獎致詞。

新北市教育局的局長、內政部的常委，各位校長、老師、同學們，還有我們靈鷲山慈善基金會的執行長、各位董事，大家好。感恩大家的努力，為了我們的小朋友能夠正面、積極、樂觀的面對社會，成為社會上一道道溫暖的陽光，謝謝大家。

站在宗教的立場，修行是自己的本分，但對國家這些幼苗，我們有什麼責任？就是給他們關愛、鼓勵。他們是未來世界優秀的主人翁，能給予社會更多溫暖的人，在人跟人互動間有一份的願力跟使命要完成。

今年是全國普仁獎第十五個年頭，現在的社會環境，時常讓人找不到生活的方向感。尤其對這些孩子，我們要給他們更多正面、快樂的力量。普仁獎能在今天有一點成果，都是因為有學校的老師、校長的愛心與責任。真的很感謝各位老師及校長們，若不是你們，我們也不會成功。還有我們的家訪志工、評選委員，以及社會上很多熱心的贊助者，有這些人努力的付出，才能把這份的善緣延續到今天，實在是不簡單。

　　佛法說什麼都要靠緣分，緣分是功德累積而來的。如果平日不積極的連結，那是不可能連結到這份善業的力量。正因為有大家的努力，去發掘許多小太陽的故事，找到了這些需要幫助的孩子。讓社會看到他們刻苦耐勞的一面，讓他們覺得被重視、覺得被看到，重要是他們有著正面、積極、樂觀的個性。孩子們有著這樣的美德，在社會上也會是一份正面、積極、樂觀的力量。

　　全國普仁獎選拔出來的小朋友，共同的特徵就是有一個平實又深刻的生命故事。每一天都很認真、樸實的做好分內的事情。或許你們失去了爸爸、媽媽，或許跟阿公、阿媽住在一起，或許日子過得並不怎麼輕鬆。像師父小時候，也是沒有父母親在身邊，過著一種只能看人家、看天空，兩隻腳看著地板的生活，但好像很自然的就出現很多善心人士提拔跟提攜，讓我有今天這樣的成長。所以當我們彼此有一份關心的時候，這個大社會就會有一份很溫暖的力量。

　　我們日子雖然過的不輕鬆，但要帶著向上積極的心，不要自暴自棄，讓善緣幫助我們，不要被命運打敗，而是在命運的帶領下，走向更光明的生命。師父從小沒有父母，在因緣下找到一個學習的榜樣，就是觀音菩薩。小的時候，師父就把觀音菩薩當作爹媽看，有什麼長長短短的不開心，就向觀音菩薩祈禱，讓祂能夠多護佑我一點，讓我幸運一點、讓我成長得好一點。所以師父長大後立願要學習觀音菩薩的慈悲、喜捨，多關心別人、多救助別人，讓別人也有能力，能夠再幫助別人。你們看，我今天當這個和尚是不是很快樂，無牽無掛、無憂無慮。

　　身為宗教的信仰者，要帶領社會走向一個正面、樂觀的方向，讓大家能夠有使命、願力，讓社會有更多元、美好的呈現。師父在十七年前蓋了一所世界宗教博物館，在這近十七年的時間，宗博館是沒有錢可以賺的，都在賠錢。但是，賠錢有個好處，就是我們讓整個社會學習到怎麼樣的信仰才是正確的。

　　師父現在在緬甸蓋生命和平大學，這是一所推廣愛地球的大學。教育大家保護地球環境、愛護生態，推廣愛地球的方法與原則。我們現在開始要做，我們的基礎在哪裡？就在願力裡面。大家要知道，願力是很重要的，願力也就是使命，當我們有了使命，就會努力前進，也就會有很好的成果，能夠回饋社會，讓人類能夠找到更好的方向跟目標。

　　我們做人絕對不能自私，一定要為所有的家庭、社會、人類付出，貢獻社會，社會才會共振共鳴，彼此產生連結。就像我們每一位遠道而來的師長與貴賓們，就是為了與我們有個善的連接點。包括我們的這些董事們，都非常的用心，與我們結下深刻的善緣。

　　生命中的快樂都是從愛心來的，當我們願意奉獻，給人光明，生命就會過得充實。付出與關懷，就是福報的泉源。大家要把愛心傳染給別人，用生命奉獻生命，生命服務生命，世界就會更美好，愛也會一直延續蔓延下去。

　　現在的社會，青少年犯罪的問題變多，值得我們正視。一個家庭出現問題，小孩就容易往外發展，進而交到壞朋友，行為也會偏差，做出危害社會的事情。尤其在網路發達，資訊充斥，每個人滑手機，一天二十四小時都停不下來。手機讓人與人之間產生隔閡，大家慢慢不能面對大自然、不能面對家庭、不能面對整個社會的實質互動。當大人、小孩子都在滑手機的同時，孩子們成長的感覺就被抹煞掉了。一個人的成熟，是在跟兄弟姊妹，跟同學在一起，打打、鬧鬧、吵吵、講講話中成長的。我們要維持這種互動的感覺，才能學習社會良好的互動關係。若只剩資訊化，沒有人性化，那就慘了，我們要從這裡，把人跟人之間的連結重新搞好，這些才是最直接真實的感受。

　　今天站在臺上的每一位小朋友，都是一顆善種子，你們要去發揚光大，繼續影響身邊的人，把正念、正見散播出去。平時身體要做好事，嘴巴要說好話，心要存好心。常常要積極，要樂觀，要正面，要有愛心，最後就是要有願力。你們更要孝順父母、友愛同學，從小培養一顆善良的心。

　　我們不但要把自己做好，也讓別人好，分享正面給別人，大家和睦相處，樂意幫助別人，解決別人不能解決的事情，更用滿滿的愛心來自利利他，這樣就會成為最快樂的人。最後，感謝所有參與普仁獎的菩薩大德們，你們辛苦了，但是辛苦是值得的，讓普仁獎的精神，繼續發揚下去，讓更多的逆境中的孩子們，得到鼓勵、肯定。感恩大家。

靈鷲人響應國際森林日
以行動力愛護地球

↑靈鷲山志工在法師帶領下響應「兆樹運動」，以願力和行動力，共同愛地球、愛和平。

為響應三月二十一日「國際森林日」，靈鷲山護法會受新北市政府之邀，與各政府機關、中小企業、民間團體及地方仕紳等共五百多人，共同參與於新北市板橋埔墘公園舉辦的「兆樹運動」植樹推廣活動。

靈鷲山護法會秘書長寶月法師帶領靈鷲人，響應聯合國全球植樹一兆棵的「兆樹運動」，大眾齊誦「愛地球和平宣言」，以願力與行動力，共同守護我們的地球。植樹活動一共種下了二十五棵臺灣特有種欒樹及二千多棵灌木，希望在不久的未來，埔墘公園能夠成為誘鳥引蝶，生態層次更為豐富的花園。這天成功圓滿的一百一十五萬棵樹，也將登錄於「種樹救地球基金會」官網中，讓世人看到來自臺灣的努力。

靈鷲山護法會秘書長寶月法師表示：「植樹造林可過濾空氣中的污染源達七成，多種一棵樹，不僅節能減碳，更是利在當代、功在千秋的菩薩之行。此次能成為唯一受邀的宗教團體，除了深表榮幸外，更是對靈鷲山開山大和尚心道法師三十多年來致力於推動愛與和平、地球永續的肯定，我們身為地球的一份子，應該發揮影響力，愛護環境、尊重自然。」

↑靈鷲山響應「國際森林日」參與新北市政府的「兆樹運動」，共同守護地球。

基隆清明懷恩法會
法喜與愛心充滿雨都

愛　贊普
物資捐贈

捐贈單位：靈鷲山佛教教團 基隆區護法會
受贈單位：基隆市愛心食物銀行
贈與物資：平安米

↑基隆市長林右昌（中）代表接受靈鷲山基隆區護法會捐贈的三千斤白米，將由基隆市愛心食物銀行分送在地弱勢家庭。

　　靈鷲山基隆講堂長年為回饋地方及服務鄉親，希望讓民心安定，延續傳愛精神，每年三月舉辦「清明懷恩大法會」，恭敬供養過世的先人，為長輩祈福。

　　今年清明懷恩大法會於基隆市正濱國小舉行，由靈鷲山基隆區護法委員、基隆講堂志工菩薩們，全心護持這場殊勝的法筵。在法會中，大眾共修《地藏菩薩本願經》，除了讓大家表達孝心、為長輩祈福外，同時啟建瑜伽燄口法會，幫個人祖先、冤親債主超渡，請佛菩薩慈悲加持，消災增福，隨心滿願。另外也特

別為基隆區各處公墓無祀男女孤魂、亡靈超薦，利益無數冥陽兩界眾生。

法會圓滿後，依循傳統捐贈三千斤白米給「基隆市愛心食物銀行」，幫助在地弱勢家庭。基隆市長林右昌親臨現場，代表市府受贈並致贈感謝狀，盛讚靈鷲山長年愛心奉獻精神。在延續往年的敬老活動中，提供義診、茶點，並設置青年團義賣區及白米贊普專區。當日所得捐贈濟助弱勢家庭，為推動生命教育盡最大心力。

基隆區護法信眾跟隨心道法師長年推廣的「生命服務生命、生命奉獻生命」及「愛地球‧愛和平」的精神。希望透過懷恩法會、孝親敬老和公益捐助弱勢的活動，為不景氣的社會氛圍，帶來些許的溫暖，讓法喜充滿整個城市。

↑靈鷲山基隆講堂於基隆市正濱國小舉辦「清明懷恩大法會」。

絕品的分身術特展
暨珂羅版《大乘妙法蓮華經》致贈宗博

↑宗博館創辦人心道法師親臨特展，接受東方寶笈文化傳播有限公司董事長朱平（左一）捐贈乾隆御筆《大乘妙法蓮華經》珂羅版絕品捐贈儀式。

　　世界宗教博物館舉辦「絕品的分身術——移動的敦煌・宗教經典再現・國寶書畫複製」藝術特展。

　　此次展覽結合國家圖書館、國立國父紀念館、國立中正紀念堂管理處、國立臺灣文學館「臺灣四館」，及東方寶笈文化傳播（北京）有限公司、兩儀文化事業股份有限公司等四所民間單位協辦，運用珂羅版複製技藝、以「移動的敦煌」、「宗教經典再現」、「國寶書畫複製」三大主題呈現，展出四十件展品。

　　珂羅版複製工技藝源自德國，以攝影、修版、製版、印製四道工序，使用

天然礦物顏料製作，成品細膩、無網點，且濃淡相宜、層次清晰，能充分還原原作的藝術特色。此次邀請來自中國大陸的國家高級工藝美術師李東方女士帶領其團隊，以「珂羅版印刷術」重現眾多經典風貌，以古物保存角度看經典再現，突顯人類文化和智慧的收藏意義。

此次重點展品中，有清朝乾隆皇帝所收藏之王羲之的《快雪時晴帖》，目前館藏於國立故宮博物院；《中秋帖》、《伯遠帖》則藏於北京故宮。藉由珂羅版工藝技術，讓三件國寶重新合璧，是本次特展相當受到注目的展區。來自甘肅敦煌莫高窟的世界文化遺產，也透過珂羅版複製技藝，將壁畫樣貌凍結，是現今前往莫高窟都無法看見的景致。

另，在四月十三日的下午，世界宗教博物館創辦人心道法師親臨特展現場，接受東方寶笈文化傳播有限公司董事長朱平捐贈乾隆御筆《大乘妙法蓮華經》珂羅版絕品捐贈儀式，並回贈感謝狀及《菩薩活在人間》等著作，為海峽兩岸搭起宗教與藝術文化的橋梁。

當天來賓有永和區長胡合鎔，永和、中和區議員及兩儀文化事業有限公司總經理謝玉玲等貴賓到場觀禮。著名音樂創作人劉亞文老師與北京代表王飛，也特地在珂羅版敦煌壁畫〈千手千眼觀世音菩薩〉前朗誦〈愛我敦煌〉，與現場參加者共同見證宗教與藝術交流的重要時刻。

↑ 中國大陸國家高級工藝美術師李東方女士以敦煌莫高窟壁畫為現場觀眾解說「珂羅版複製技術之應用」。

心道法師致詞時表示：「看到珍貴的敦煌壁畫再現是相當難得的，其中敦煌壁畫的〈千手千眼觀世音菩薩〉慈眼觀世間，超脫世俗煩惱，開展於宇宙萬物的廣闊與大愛。如同世界宗教博物館從菩提心的願力出發，與天下一切眾生結善緣，讓世界更圓滿。」

「絕品的分身術——移動的敦煌‧宗教經典再現‧國寶書畫複製」藝術特展系列活動表

日期	活動名稱
04/13	敦煌莫高窟壁畫的重生——珂羅版複製技術之應用 主講人：李東方 （中國大陸國家高級工藝美術師、東方寶笈文化傳播有限公司總經理）
04/28	博物館數位典藏與文創加值的未來趨勢 主講人：謝顒丞 （國立臺灣藝術大學圖文傳播藝術學系教授、前國立臺灣藝術大學校長）
04/28	博物館藏品的推廣及複製應用 主講人：呂姿伶（國家圖書館特藏文獻組主任）
04/28	博物館書畫複製藏品的數位典藏與文創加值 主講人：黃盈錫（ttoopp 拓拓文化創意股份有限公司 業務經理）

參
月

肆月
April

第八屆泰國藤球友誼賽暨潑水節

金佛加持 富貴平安

靈鷲山應新北市政府勞工局與泰國貿易經濟辦事處之邀，協辦「第八屆泰國藤球友誼賽暨潑水節」，禮請靈鷲山富貴金佛至活動現場，供民眾頂禮祈福。

潑水節為泰國的傳統新年活動，新北市政府為了感謝泰國朋友們對臺灣的貢獻，連續八年舉辦泰國新年慶祝潑水節活動。活動當天吸引近萬名泰籍移工、新住民以及泰僑前來歡聚。在新北市政府廣場前，人潮洶湧，充滿著歡樂嘉年華的氣氛，許多泰民穿著花色鮮艷的泰國傳統服飾，把現場點綴得五彩繽紛。而活動安排除了傳統泰國舞蹈表演外，還邀請到泰國搖滾天團Labanoon與大家同樂。今年在藤球賽事部分，也有多達三十二支隊伍參賽，共襄盛舉。

↑靈鷲山富貴金佛親臨新北市政府泰國藤球友誼賽暨潑水節現場，供民眾頂禮祈福。

靈鷲山的富貴金佛被迎請至現場，讓在異鄉打拚的泰國移工與新住民可以見到來自家鄉的金佛，一解思鄉之情。在慶祝活動開始前，現場特別播放靈鷲山開山大和尚心道法師的一分鐘平安禪，讓大眾跟著心道法師的寧靜口訣，得到心靈的安寧。許多年輕新住民朋友紛紛帶著小孩前來祈福，祈願以金佛無上功德力護佑加持，帶來一整年的富貴與平安。

第十二屆萬佛燈會
供一盞燈 結萬佛緣

↑靈鷲山蘭陽講堂舉辦第十二屆萬佛燈會，邀請信眾前來與佛結緣。

　　靈鷲山蘭陽講堂舉辦「萬佛燈會」，近百位信眾齊聚殊勝的講堂，把萬燈點亮，形成善的結界。在常住法師灑淨之後，大眾共修《禮佛大懺悔文》，齊心誠心稱念佛號、點燈供養諸佛菩薩。

　　「萬佛燈會」按照《佛說佛名經》，為每個燈安奉一個佛名。每尊佛的名字都是祂成就的法。現場一萬盞燈，寫著一萬尊佛的名字。每盞燈供一尊佛，供一盞燈，結萬佛緣。大家找著相應的佛，虔誠稱念佛名點燈供養。「燈」象徵心的能量、光明、智慧，足以照破千劫無明。大眾藉著供燈獻佛，與萬佛結緣，種下慈悲智慧種子。

　　今年，萬佛燈會的燈架擺設從以往長龍式固定燈座，改成漸次排列的交錯燈座，讓萬盞燈更顯壯觀、殊勝。另外設置八相成道學習區，讓大眾認識釋迦佛

成道的歷程。講堂兩側亦擺放著《佛說佛名經》，希望信眾來到這裡，能結下殊勝法緣，帶來吉祥好運。而入口設置的孝親報恩燈、觀音壇城、五色旗，則祈願護持大眾出入平安，普願人人發歡喜心、得佛慈護。

　　每年萬佛燈會於佛誕前舉辦，現場也布置悉達多太子浴佛像，供大眾頂禮、浴佛、供養，透過莊嚴的浴佛儀式，讓信眾持誦莊嚴的「浴佛偈」。灌沐佛身的同時，淨化自己的身口意，當煩惱洗除了，自然與佛同證清淨無染的法身。

↑信眾齊聚殊勝的講堂，與萬佛結緣，種下慈悲智慧種子。

大悲閉關21
悲心轉念 地球平安

↑心道法師帶領閉關行者共同發願。

靈鷲山自二〇一二年起，每年於無生道場啟建「大悲閉關21」，四眾弟子閉關精進持誦〈大悲咒〉，祈願悲心轉念、地球平安。今年關期為四月二十九日至五月二十日，為期二十一天，藉由持咒、繞佛、攝心、經行等方式，與觀世音菩薩連結，成就殊勝因緣。

啟關當天，靈鷲山常住法師領眾於場地內外灑淨，閉關學員在領受八關齋戒儀軌後，正式進入關期。閉關學員持誦〈大悲咒〉，在第一天即超過八萬遍，不同於在家中持誦，眾人同時共修，以共振共鳴的力量，迴向地球平安。

在閉關期間，靈鷲山三乘佛學院在晚間安排「善知識說法」課程。第一週為靈鷲山的「六項生活原則」，講述一心、二愛、三好、四給、五德及六度。第

二週「大悲心陀羅尼經」，由常住法師講授觀世音菩薩與〈大悲咒〉的因緣、觀音十六大願、持誦〈大悲咒〉的利益、〈大悲咒〉的內容、〈大悲咒〉的功德、如何受持等。第三週「發願與迴向」，從菩提心、四無量心、普賢十大願講起，再點出師父悲心遍滿的生命實踐。

圓滿日當天，閉關學員們手持蓮花整齊列隊巡禮全山，繞行多羅觀音道場、天眼門、十一面觀音等聖地，隊伍綿延數百公尺，口中不斷持誦〈大悲咒〉，悠揚法音遍滿整座靈鷲山。下午則舉辦「鷲一起愛地球～植樹、淨灘活動」，分別於貢寮龍門露營區及石碇溪出海口植樹與淨灘，以實際行動愛地球，迴向人心和諧、地球平安。

心道法師曾開示：「修行至今，我不曾間斷修持的法門，就是〈大悲咒〉。〈大悲咒〉是觀世音菩薩為救度眾生苦難的無上咒語，能除一切苦，能滿一切願，更是我們願力網絡連結的關鍵。當大悲心發起的時候，就會有很大的福氣。如果每天能夠不斷修持〈大悲咒〉一百〇八遍，便能利他利己，讓身心自在、闔家平安，進而社會和諧、地球平安。」

↑ 大悲閉關期間，大悲行者於開山聖殿持誦〈大悲咒〉迴向地球平安。

伍月
May

桃園平鎮大火消防英雄追思會
為罹難的消防英雄悼念致敬

今年四月，桃園市平鎮區工廠發生大火，造成六名消防弟兄不幸殉職的悲劇。靈鷲山常住法師及西區蓮友，接獲消息後立即前往中壢殯儀館為罹難的消防英雄持誦《佛說阿彌陀經》迴向祈福。

桃園市政府於五月十七日在桃園巨蛋體育館舉行「0428消防英雄追思會」，為逝去的消防英雄悼念。副總統陳建仁也親臨現場，頒發褒揚令、頒授楷模獎章、消防專業獎章、追晉令及消防榮譽章，表彰六名消防弟兄在意外中犧牲奉獻的精神。桃園市長鄭文燦則帶領全體人員默哀，並由宗教代表捻香哀悼、進行誦經儀式。靈鷲山法師、護法會桃園蓮友，一行共四十多人隨眾持誦《心經》迴向，場面莊嚴肅靜。

桃園市消防局與靈鷲山的淵源已久，每一年靈鷲山水陸法會啟建前，桃園市消防局都會派駐人力投入桃園巨蛋體育館，為全場做嚴謹的消防安全檢查。待工作人員進駐會場後，也為全體人員舉辦實地消防演練課程講習，在八天七夜法會期間，更定點派駐消防設備車在會場，為法會安全防護把關。

↑靈鷲山西區護法會蓮友前往「桃園市0428消防英雄追思會」誦經悼念

佛腳抱抱暨浴佛孝親節
佛前頂禮 祈願加持

↑手拿勺子盛水，往佛像肩部淋下以示敬意，有「外浴太子，內浴自心」之意。

　　靈鷲山為慶祝釋迦牟尼佛聖誕，於全臺各地講堂分別舉辦慶祝活動，下院聖山寺因應母親節、浴佛節以及考生考季舉辦「佛腳抱抱暨浴佛孝親」三合一活動，邀請大眾、學子前來浴佛、淨心、孝親報恩。

　　五月是一個感恩、惜福的季節，聖山寺在金佛殿準備了康乃馨，讓孩子以花供佛，與佛結緣，同時為母親點盞報恩燈。考生們也可以帶著准考證到金佛殿，頂禮佛足，抱抱佛腳祈福，將准考證供於佛前加持。今年，聖山寺如往年一樣也準備了心道法師加持過的「神來之筆2B鉛筆」，希望可以讓考生在考場文思泉湧、作答如流。

今年蘭陽講堂志工菩薩，也特別協助製作三百五十個外型討喜、象徵「包中」的粽子香包，與考生結下善緣。

另外，五月五日上午，由靈鷲山常住法師領眾共修，灌沐佛身時持誦浴佛偈「我今灌沐諸如來，淨智莊嚴功德聚，五濁眾生離塵垢，同證如來淨法身」。手拿勺子盛水，往佛像肩部淋下，有「外浴太子，內浴自心」之意。洗滌內心的煩惱塵垢，獲得超越障礙的正向能量。

心道法師曾開示：「佛陀降生在這世間，就是希望以佛的知見，讓我們離苦得樂，找回生命本有的和諧、安定與永恆，也就是為我們指示『生命共同體』，才是和平的根源。」

↑聖山寺舉辦「佛腳抱抱暨浴佛孝親」活動，邀請大眾、學子前來浴佛、淨心、孝親報恩。

心道法師歐洲弘法行程
生命和平大學奧地利智庫會議

心道法師前往歐洲弘法，先於奧地利賴歇爾斯貝格（Reichersberg）舉辦生命和平大學智庫會議，隨後於賴歇爾斯貝格修道院（Stift Reichersberg）及德國慕尼黑本篤禪修中心（Benediktushof Meditation Center）教授平安禪修。

↑心道法師與國際學者討論生命和平大學課程落實方向。

心道法師抵達歐洲即於奧地利賴歇爾斯貝格舉行為期兩天的生命和平大學智庫會議，邀請來自德國的Ernst Pöppel教授、Michael von Brück教授以及在臺灣參與視訊會議的曾志朗教授、陳富都教授等進行討論，讓生命和平大學的課程架構更落實。

↑心道法師於奧地利聖史蒂芬主座教堂，帶領禪修學員行禪。

接著，心道法師前往德國小鎮帕紹（Passau）老城中的聖史蒂芬主座教堂（Dom St. Stephan）參觀巡禮，在教堂領著團員行禪。隔天（05/27），於奧地利的薩爾茲堡（Salzburg）參觀，並在教堂中與神父以一「道」字交流，交流中師父開示：「永恆是同一個東西，只是用不同的方法到達永恆，這個古老而永恆的靈性是很舒服的，每個人都一樣。」

　　同天，心道法師接受曾來臺參與春安居閉關的奧地利學員克里斯多福邀請，於奧地利賴歇爾斯貝格修道院教授為期七天的平安禪修。

　　接著（06/03），心道法師抵達德國慕尼黑本篤禪修中心帶領禪修，這是第三年來到本篤禪修中心。在課程當中，心道法師仔細檢視學員對於「平安禪四步驟」的學習，更為學員進行獨參對機。原本屬於天主教修道院的本篤禪修中心，也在雅各神父多元的經營管理下，各種靈性學習的課程在此盛開，成為德國人提升靈性的最佳空間。

　　心道法師於禪修課程中開示：「每個人都有心，只要坐禪，慢慢的回歸，就能讓心回家。心本來無一物，這份空性的淨土，就是我們的本來面目，只有觀照跟覺察，才能知道這個空性，才會去選擇空性，才能到達無盡的淨土。期許歐洲的禪種子，能夠在禪修的薰陶下，認識自己、看見自己最真實的內在。」

日期	心道法師歐洲弘法行程
05/23 ～ 05/24	奧地利賴歇爾斯貝格舉行生命和平大學智庫會議。
05/27 ～ 06/02	奧地利賴歇爾斯貝格修道院，舉辦七日禪修課程。
06/03 ～ 06/08	德國慕尼黑本篤禪修中心，舉辦六天禪修課程。

↑ 心道法師帶領德奧禪修學員體驗禪修。

陸月
June

斯里蘭卡龍喜國際佛教大學
校長強帝瑪比丘來山
連結佛教力量 同體大悲

斯里蘭卡國家總統國際宗教文化事務顧問、藍蓮花寺（Manelwatte Viharaya）住持兼龍喜國際佛教大學（Nãgãnanda International Buddhist University, NIBU）校長強帝瑪比丘（Ven. Bodagoda Chandima）參訪靈鷲山，並拜會心道法師。

強帝瑪比丘與靈鷲山因緣起於二十餘年前，在靈鷲山開山初期，比丘曾以禪修者身份來山，與心道法師交流。這次相隔二十餘年再度來山，心道法師親自導覽全山各殿堂，從圓通寶殿一路到祖師殿，一同回憶起當年草創時期的靈山風景。

強帝瑪比丘現為斯里蘭卡藍蓮花寺住持，在二〇一三年開始興建「龍喜國際佛教大學」。比丘向心道法師介紹龍喜國際佛教大學的籌劃，並邀請心道法師到大學參訪指導。龍喜國際佛教大學創建於斯里蘭卡凱萊尼亞（Kelaniya），此地相傳為佛陀曾經停留的聖地，大學將保留當地南傳佛教的傳統，並融合漢傳與藏傳佛教，成為三乘佛教高級研究機構中心。

心道法師也跟強帝瑪比丘交流於緬甸創辦弄曼沙彌學院以及生命和平大學的經驗，並表示：「靈鷲山將於緬甸建造生命和平大學，未來希望能多與世界各地佛教大學做連結，不僅只為佛教，更是為了地球的永續保護。」

←斯里蘭卡龍喜國際佛教大學校長強帝瑪比丘（左）來山與心道法師會面。

首次新加坡平安禪修
以禪修擴大心的空間

↑心道法師期許學員以禪修安定自我的身心,繼續為生命做出快樂的奉獻。

　　心道法師前往新加坡帶領平安禪三,這是心道法師首次在新加坡教授平安禪三。許多學員雖然是第一次學習禪修,但認真與精進的學法態度,讓心道法師頗為讚歎與欣慰。

　　課程中,心道法師不斷提醒學員以靈鷲山平安禪的四個步驟來淨化、去除內心的垢穢。認真的去體驗平安禪的四個步驟,在每個步驟裡看到空性。

　　心道法師為學員開示:「坐禪,就是把心靈的空間擴大到無量無邊,找到心的面貌、心的空間。禪修,是自己跟自己談判,透過禪修找到我們的心,也叫做覺知。當了解靈性是空性,我們就能夠出離輪迴。」

↑心道法師首次於新加坡帶領平安禪三。

　　在這三天的禪修課程中,心道法師期許學員以禪修安定自我的身心,時時保持清爽、明朗、放下、放空,繼續為生命做出快樂的奉獻。

靈鷲山開山三十五週年慶
推展生命和平大學 讓久違的心回家

↑各國外交使節特地來山祝賀靈鷲山開山三十五週年慶。

二〇一八年，靈鷲山開山三十五週年慶，在上下院及各地講堂規劃慶祝活動，邀請有緣人回山，讓久違的心回家。

靈鷲山以「慈悲與禪」為宗風，傳承觀音法門，成立世界宗教博物館，致力跨宗教對談與宗教交流。目前，正在緬甸籌建生命和平大學，進一步推展開山大和尚心道法師「愛地球・愛和平」的理念。

總本山於二十三日開始舉辦「大悲十心聖山行旅」慶祝活動。泰國讚念長老也特地來山，與心道法師會面，並於晚間在華藏海圓通寶殿為大眾誦經祈福。

週年慶當天舉辦一系列的慶祝活動。首先「開山三十五週年大朝山」，以懺悔之心為家人祈福；「普門品共修」，消災增福延壽，同霑法益；「讓心回家・手路菜園遊會」，品嚐特色蔬食，為地球盡一份心力；最後是一系列的慶典饗宴，「青年回家・活力擊樂」，以環保水桶製成的打擊樂器熱鬧開場，「神之

禮讚」印度婆羅多古典舞蹈表演，新逸合唱團演唱佛曲等，為靈鷲山開山三十五週年慶獻上最虔誠的祝福。

當天壓軸活動是由心道法師頒發宗風表揚，分別表揚朝山達一百〇八公里及三年完成三十六次朝山的「朝山力士」；每天完成至少三次九分鐘平安禪、一年至少禪修

↑ 心道法師為護法二十五年的成就願力委員，頒贈金鐵桶鼓勵，期許成就下一個二十五年。

三百三十天的「生活禪者」；圓滿持誦〈大悲咒〉十萬遍的「大悲行者」及圓滿持誦〈大悲咒〉一百萬遍的「百萬大悲行者」。精進的菩薩們，在在證明修行之道就是堅持、踏實。

↑（上圖）
靈鷲山全球各地信眾回歸本山，共同慶祝開山三十五週年慶。

（下圖）
靈鷲山國際青年團團員演出「青年回家・活力擊樂」表演節目。

今年靈鷲山週年慶當天首次與印度臺北協會合作，在下院聖山寺善法大樓舉辦「第四屆國際瑜珈日」，由靈鷲山開山大和尚心道法師的平安禪，與印度瑜伽的激盪，譜出感動身心靈的生命樂章。當天邀請超過兩百位瑜伽老師及愛好者，齊聚一堂，藉由禪修及瑜伽的雙重體驗，與自己的內心、身體對話。

心道法師開示：「感恩弟子三十五年來一路護持，讓師父有信心持續跟大家齊心努力，這是佛教的慈悲，也是願力。生命和平大學是世界宗教博物館的延伸，持續落實尊重、包容、博愛。推動愛地球、愛和平的願力。」師父也期勉信眾精進坐禪、持誦〈大悲咒〉，發揮開山時提水桶扛沙石上山的鐵桶精神，藉由每個人一分的努力成就社會安定，世界和諧。

發心找到生命的價值
開山三十五週年慶師父開示

↑心道法師於開山三十五週年慶，為大眾開示。

感謝大家來為靈鷲山開山三十五週年慶祝賀，想當初我來到靈鷲山斷食，當下什麼都沒想，就只想好好的閉關。沒想到這地方，具有很特別的能量，讓我能夠留在這裡，繼續做弘法利生的工作。以前師父在每個地方都待不長，頂多一年半載就搬家了。宜蘭算是住最久的地方，所以我對宜蘭也有比較深刻的感情，而宜蘭的弟子也始終沒有改變信心，一路跟著師父走這條菩薩道。

當年把世界宗教博物館蓋起來，是一個很大的奇蹟。那時的師父，沒有做過博物館，也不清楚什麼叫博物館，只因為當時的社會情勢比較混亂，浮現許多問題，師父就想，我們應該要把歷史悠久的傳統宗教，集結整理在一起，建立一座展現世界上不同宗教信仰的博物館，讓社會大眾透過世界宗教博物館，學習到

正確的宗教信仰、宗教歷史，於是就發願要建立一座世界宗教博物館。

很感謝大家對師父的信心，讓我們成功設立一座融合不同宗教信仰的世界宗教博物館。現在我們推動的生命和平大學，就是世界宗教博物館的延伸，繼續以尊重、包容、博愛為基礎，推動愛地球、愛和平的願力。這是我們共同的使命。我們要懂得尊重生命，彼此要慈悲、奉獻、服務，多元共生，相依共存，不要發生衝突和戰爭，讓地球平安，人類才能永續的在地球生存。

為什麼我們把生命和平大學建在緬甸？我們是播善緣的種子、播慈悲的種子，哪裡有需要我們就在哪裡播。緬甸有一百三十五個民族，是一個擁有多民族的地方，因為民族、文化的衝突，有許多不和平、紛亂的狀況，讓當地的人民更希望得到和平。此外，生命和平大學將成為一所研究生態環境的大學。利用學術的專業，把愛地球的生命教育推動得更好。突破一般大學的限制，讓生命教育的通識課程，貫徹到每個專業的科系領域。所以大家要跟著師父成為社會的領頭羊，來讓地球平安，世界和諧，大家齊心協力，把這所大學蓋起來。這就是佛教的慈悲以及願力，我們有這個願力，就能造福人類，也就找到生命的價值了。

我們在緬甸播下慈悲的種子，播下善緣，生命就會把我們的慈悲，延伸到生生世世，這就叫做菩薩道。菩薩道，就是把愛延伸到每一生，從今生培養到來生的一個使命。不要說「我老了，不要做了」；或者「我休息休息再做」，這是不行的。我們要把佛法的願力承擔起來，把對眾生的愛、慈悲延續下去。這條路，不是只做到今生，而是從今生做到生生世世的一個生命大和解、大學習。

我們學了佛法，就是知道怎麼回家的方法，大家要跟著師父的法門、修行方法，讓我們的心，走向正確的道路，回到心的家，也就是涅槃處，一個不生不滅的地方。怎麼做？從慈悲還有愛心做起，回到學佛的初心，慈悲一切。慈悲一切需要有根，不生不滅的根，那就是涅槃妙心、實相無相就是我們的根。而這份不斷的願力跟慈悲，需要發長遠的願力。

靈鷲山推動大家持誦〈大悲咒〉，也把〈大悲咒〉迴向給大眾，利己又利人，產生良善的循環。持〈大悲咒〉是靈鷲山的特色，禪修也是，我們要讓心回家，得到永恆生命的快樂，就是要坐禪，還有念佛、念咒，才能讓我們回到心的家。

佛法中的戒定慧，讓我們的心跟物之間，產生不貪、不執的心念。心若是常有貪、執的心念，人生就會時常產生對立、衝突，生命也就會非常不和諧。我們要學習觀察萬事萬物，都是無常的、空的，不是真實的，我們的心就會產生無執無住的心。心不執著、不貪戀，就沒有障礙，能夠活的自由自在。大家學習佛法，就是在學自由自在、安定，讓自己舒服，又能夠分享給任何一個人都能學習到佛法、能夠讓生命安定，當生命有個方向，生命就不會浪費掉。

靈鷲山三十五週年慶這天，我們發願要繼續努力，讓社會更安定、和諧。我們這一群善心的菩薩，藉由我們的慈悲來做引導，把慈悲擴展出去，讓更多人一起來生起善心，讓我們社會不要那麼暴力、不要那麼不和諧。最後也感恩我們來自各國的大使與貴賓，感謝你們這麼支持靈鷲山，真的非常感恩。也謝謝我們的幹部、志工們，有你們真好，謝謝大家。

水陸五場先修法會
迴向功德 冥陽兩利

↑ 第四場水陸先修法會於臺北市和平籃球館啟建「孔雀明王經暨五大士瑜伽燄口法會」。

　　每年靈鷲山水陸空大法會正式啟建前，皆會先舉行五場先修法會，目的是讓功德主能夠謙卑禮懺、滌淨一年的障礙，並將五場先修法會的殊勝功德普皆迴向，讓八月啟建的水陸空大法會，能夠盡善盡美、冥陽兩利。

　　二〇一八年水陸空大法會首場先修法會於二〇一七年十一月在新北市三重體育館舉辦「大悲觀音祈福暨瑜伽燄口法會」。法會現場內外灑淨後，大眾一同持誦《普賢行願品》及〈大悲咒〉，祈願以大悲觀音的加持力助眾生離苦得樂。第二場於下院聖山寺善法大樓啟建「普賢行願品暨瑜伽燄口法會」，在二〇一七年華嚴法會圓滿當天，全體奉誦《普賢行願品》，學習普賢菩薩成就佛道的十大願行。第三場水陸先修同樣於聖山寺善法大樓舉行，啟建「大悲觀音更密無上圓滿施食大法會」，與聖山寺春季祭典共同舉辦。

　　第四場水陸先修法會則於臺北市和平籃球館啟建「孔雀明王經暨五大士瑜伽燄口法會」，上千名善信齊聚法會現場，持誦《孔雀明王經》，殊勝梵音遍滿

整個壇城，心道法師並親至現場主持「愛心贊普‧物資捐贈」儀式，由臺北市政府陳景峻副市長代表接受。

第五場水陸先修法會則於靈鷲山三十五週年慶當天下午在聖山寺善法大樓啟建「大悲觀音普門品暨度亡法會」。壇城前擺滿施食供品，門口敬設召請區，引領歷代祖先、累劫累世親眷前來聽經聞法，恭請主法仁波切與多位高僧上座誦經。

↑心道法師親自主法第三場水陸先修法會。

心道法師曾開示：「每年舉辦的五場水陸先修法會，就是在為家人做五次的補運。水陸空大法會讓大家有機會聚在一起，一同為親眷祈福，同時也為國家社會的安定祈願。我們與一切萬物是生命共同體，必須對於身處的環境多一點關懷與照顧。讓更多的人生起善心，讓社會不再冷漠，能夠自利利他。」

水陸先修法會時間表

日期	活動名稱	地點
2017/11/12	大悲觀音祈福暨瑜伽燄口法會	新北市三重綜合體育館
2017/12/17	普賢行願品暨瑜伽燄口法會	聖山寺善法大樓
2018/03/03	大悲觀音更密無上圓滿施食大法會	聖山寺善法大樓
2018/05/19	孔雀明王經暨五大士瑜伽燄口法會	臺北市和平籃球館
2018/06/24	大悲觀音普門品暨度亡法會	聖山寺善法大樓

心道法師東南亞弘法行程
禪修靜心 和平心世界

學佛，一個是學空性，一個是學因果，
因果就是生命的變化，空性就是解脫的道理。

In practicing Buddhism,
we have to simultaneously be aware of karma—
the principle of transformation—
and emptiness—the principle of liberation.

心道

↑心道法師在馬來西亞檳城植物公園帶領信眾體驗平安禪。

　　心道法師東南亞弘法行程，前往馬來西亞及印尼等地教授平安禪與弘法。心道法師首站來到由靈鷲山馬來西亞禪修中心於檳城植物公園舉辦的「第三屆檳城千人平安禪暨音樂會」。在馬來西亞護法會委員、志工的努力推廣下，今年千人禪修人數達到三千一百八十人。活動開始，由靈鷲山檳城禪修中心的小菩薩班學員帶來舞龍舞獅表演，並邀請檳城當地多位歌手於現場演唱。最後由心道法師親自帶領信眾體驗平安禪修。在盛夏的傍晚，信眾闔家一同跟著心道法師的平安禪四步驟，靜心禪修，體會與自己的心安靜對話。隔天心道法師特別出席「千人平安禪志工聯誼會」感謝各地的委員、志工。

　　緊接著（07/02），心道法師前往靈鷲山吉隆坡中心帶領平安禪三，希望禪修學員從坐禪、行禪之間，認識覺性並明朗自心，走向學佛的道路。之後，師父轉往柔佛，於柔佛中心帶領信眾共修《藥師琉璃光如來本願功德經》，讓信眾透過共修經典瞭解藥師佛的願力；下午則啟建三時繫念法會，在主法法師唱誦下，

超渡自我內心的執念妄想，得到內心的寂靜。
接著心道法師主持「柔佛中心新建工程動土典
禮」為新址灑淨祈福。

最後一站，心道法師來到靈鷲山印尼雅加
達中心帶領當地信眾共修《藥師琉璃光如來本
願功德經》及傳授觀音法門。師父希望信眾能
夠深行菩薩道，修持觀音法門，覺悟靈性，回
到原始的自己。

↑ 現場信眾共同體驗禪修，成就生命的使命

心道法師於檳城千人平安禪暨音樂會中為大眾開示：「今年『千人平安禪
暨音樂會』是第三年舉辦了，我們要用禪來造福馬來西亞所有學禪、學佛的人，
也造福這個世界。如果每個人的心能夠體悟禪修，這個世界就會非常的和平。」

心道法師東南亞弘法行程

日期	活動名稱
06/30	馬來西亞檳城植物公園舉辦「第三屆千人平安禪暨音樂會」。
07/02 ～ 07/04	馬來西亞吉隆坡中心舉辦「平安禪三」。
07/07 ～ 07/10	馬來西亞柔佛舉辦《藥師琉璃光如來本願功德經》經典共修及啟建「三時繫念法會」及「柔佛中心新建工程動土典禮」。
07/11 ～ 07/14	印尼雅加達舉辦《藥師琉璃光如來本願功德經》經典共修及傳承觀音法門。

↓ 靈鷲山第三屆檳城千人平安禪暨音樂會吸引三千多名信眾前來體驗禪修。

山‧靈‧敬
回返祖靈智慧的人間淨土特展
展現泛靈信仰的當代藝術詮釋

↑「山‧靈‧敬」策展人瓦歷斯‧拉拜（右二）與民眾分享此次策展理念。

　　世界宗教博物館規劃「山‧靈‧敬——回返祖靈智慧的人間淨土」特展，特別禮請中原大學設計學院商業設計系所暨設計學士原住民專班主任瓦歷斯‧拉拜（吳鼎武）教授協助策展。展出內容從「回返自然」、「靈性觀照」與「生命信仰」三個面向，呈現以大自然靈性為主軸的創作意涵，深具生活智慧。

　　本期特展的創作意涵，與宗博館創辦人心道法師主張的「愛地球‧愛和平」，敬天愛地、生態永續的理念一致。由來自阿美族、泰雅族、太魯閣族、賽德克族、魯凱族、排灣族、卑南族、布農族等十六位重量級藝術家參與，共展出六十件作品。

　　此次特展的藝術作品使用的風格、媒材與表現形式，包括「視覺及造型藝術」、「表演藝術」、「文學」與「祭儀」等四類。透過原住民藝術家以當代藝術的表現手法，陳述臺灣原住民族的價值觀，以山林、靈性、敬畏之心，引領現代人重新思索，回返一個能永續善待大自然的生態環境，傳遞以大自然共生、共榮、共享的樸實生活觀與知足態度。

　　在開展前一天（06/29），邀請花蓮縣阿美族里漏部落Sikawasay（祭師團體）至現場，舉行傳統除穢祭與祈福儀式。五名祭師赤腳、身著阿美族傳統服飾，手拿一早採下的帶露水蕉葉，噴灑酒水，淨化現場及每一項作品，掃除晦氣；並供奉檳榔、米酒等祭品，供神靈享用，祈福祝願活動圓滿。

　　開幕當天（06/30），則邀請揉麻人文創意工坊總監拉娃谷倖擔任主持人，現場由屏東的原魂歌舞團表演《大鳥部落古調》，為展覽揭開序幕。也請阿道・巴辣夫・冉而山、美卡・瓦歷斯、安力・給怒等多位參展人，暢談創作理念，現場洋溢原住民的生活理念與核心價值。

↑花蓮阿美族里漏部落祭師團體，為展覽空間進行「除穢祭」儀式。

↑藝術家美卡・瓦歷斯（右），希望透過作品讓後世子孫理解生命之間共生共息的重要。

「山・靈・敬──回返祖靈智慧的人間淨土」特展教育活動

【傳統儀式】	
日期	名稱
06/29	除穢祭 主講人：花蓮縣阿美族里漏部落Sikawasay（祭師團體）
【專題演講】	
日期	名稱
07/15	《不得不上路》 主講人：巴奈・母路（東華大學族群關係與文化學系副教授）
09/15	《傳說中神秘的巫覡──泰雅族mahuni》 主講人：尤巴斯・瓦旦（泰雅族文史工作者）
【創意工作坊】	
日期	名稱
07/29	原民風環保飲料提袋 主講人：梁秀娟（泰雅伊娜原住民工作坊負責人）
08/26	幻彩萬花筒DIY 主講人：好攸光刻所
09/09	與自然共生──療癒盆栽製作 主講人：梁秀娟（泰雅伊娜原住民工作坊負責人）
【說故事活動】	
日期	名稱
08/11	生態保育故事 I
09/22	生態保育故事 II

陸
月

柒月
July

百八觀音暨
工藝大師林健成紀念特展
演繹慈悲行者最後的藝術

↑特展展示出林健成老師的工作室場景以及百八觀音彩繪銅雕創作歷程。

世界宗教博物館舉辦「觀音緣・無盡藏，觀音緣・普世之光──百八觀音與林健成先生紀念特展」，感念臺灣工藝大師林健成老師在蠟像、工藝藝術與製作靈鷲山百八觀音銅雕藝術的成就。宗博館於七月二十八日結合音樂饗宴舉辦開幕記者會，文化、學術以及宗教界代表雲集，包括臺灣藝術大學前校長王銘顯教授、佛光大學陳玉璽教授、林健成美術工作室總監張小玲、龍欽心髓菩提佛學會朱祖吉美多傑仁波切，曾跟隨林健成老師學習雕塑的繪本畫家幾米也受邀致詞。

安座於靈鷲山下院聖山寺金佛殿的百八觀音是由唐卡畫家昆桑切培喇嘛與臺灣工藝大師林健成合作，製作一百〇八尊觀音彩繪銅雕法像，而林健成老師在完成這項巨作後，即捨報離世。

靈鷲山「百八觀音」為全世界首見的觀音彩繪銅雕作品。最初製作團隊是從日本德林寺住持高岡秀暢法師所出版的《百八觀音木刻圖像集》一書中，得知尼泊爾「百八觀音寺」。從多次前往尼泊爾考察以及各方文獻資料收集，至唐卡畫家昆桑切培喇嘛與林健成老師與其工作團隊虔誠專注創作完成，前後歷時十年。

此次特展，宗博館於金色大廳與朝聖步道展出林健成老師的「極相非相」蠟像藝術作品展，以蠟像手藝創造出多位佛教界高僧大德及臺灣歷史人物，將藝術中的寫實，創造到極致。而第二特展室則模擬出林健成老師的工作室場景以及觀音法像銅雕的拓印模具等，並以多

↑ 林健成美術工作室總監張小玲引領參觀者觀賞林健成大師的蠟像雕塑作品。

媒體互動模式演繹出「普世之光」，利用科技技術模擬出觀音與人之間的關係，讓民眾觀察自己與他人於恆河沙塵世界中，體悟如同觀音一般的普世情懷。此次特展，亦出版兩套百八觀音聖像圖錄，一套為《百八觀音唐卡圖錄》；另一套為《百八觀音彩銅雕圖錄》。

在展覽期間，靈鷲山也舉辦多場特展相關系列活動，包括「第一屆觀音文化國際論壇」及聖山寺金佛殿百八觀音彩繪銅雕開光灑淨。

捌月
August

靈鷲山與宗博
分別榮獲績優團體表揚
為美好社會實踐和平願景

↑靈鷲山性月法師代表靈鷲山佛教基金會，獲內政部長徐國勇表揚為社會公益事務績優宗教團體。

　　靈鷲山佛教基金會、世界宗教博物館發展基金會分別榮獲內政部頒發二〇一八年「宗教公益獎」，同時靈鷲山上院無生道場與下院聖山寺也分別獲新北市政府頒發宗教績優團體「社會教化獎」肯定，這是聖山寺首次獲得此獎項。

　　八月二日，在新北市政府舉辦的「二〇一八年新北市績優宗教團體表揚大會」，由靈鷲山慈善基金會董事長性月法師與聖山寺監院懇慧法師代表出席，新北市長朱立倫親自頒發宗教績優團體「社會教化獎」，表揚靈鷲山無生道場及聖山寺對社會的積極與奉獻。

　　八月三十一日，性月法師代表靈鷲山佛教基金會、世界宗教博物館發展基金會亦派代表出席於新北市政府多功能會議廳舉辦之「二〇一八年宗教團體表揚大會」。由內政部長徐國勇親自頒發「宗教公益獎」。內政部表示，今年績優宗教團體表揚遴選門檻提高，獲得表揚的宗教團體較往年減少，對於得獎的宗教團體更是一份可貴的鼓勵。

　　靈鷲山無生道場以各式營隊活動實踐社會教化，舉辦佛學營活動、生命教育課程，以及培養專注力的平安禪課程。此外，也與貢寮地區合作舉辦多場淨灘活動，落實市民的環保教育。下院聖山寺則為首次獲獎，提名在於關懷在地弱勢族群，舉辦臺灣百合復育活動，亦與地方政府機關合作，舉辦兒童消防夏令營等營隊活動。

　　世界宗教博物館發展基金會實踐尊重、包容、博愛的創館理念，推廣社會公益教育文化。去年與天主教梵諦岡宗座宗教交流委員會合作舉辦「第六屆佛教徒與基督徒對話國際研討會」，邀請近百名國內外進行宗教研究的專家學者對談，共同發表守護和平及非暴力宣言，促進宗教國際多元對話。

↑ 世界宗教博物館發展基金會獲內政部長徐國勇表揚為社會公益事務績優宗教團體。

靈鷲山第二十五屆
水陸空大法會
觀音共會 宗教共願

↑二〇一八年是靈鷲山水陸空大法會啟建第二十五年。

　　靈鷲山於桃園巨蛋體育館啟建水陸空大法會，秉持悲願、嚴謹、平等的「大普施」精神，遵循傳統儀軌，凝聚善念善緣，與生命大和解。法會期間，衛生福利部臺北醫院發生大火，大會即刻為罹難者增設罹難亡靈公益牌位，超薦亡者。

　　在靈鷲山開山大和尚心道法師親自主持灑淨儀式下，八天七夜的水陸空大法會開始啟建。今年是靈鷲山第二十五年啟建水陸法會，大會以「觀音共會、宗教共願」為主軸，特別邀請北部十八座觀音廟宇及靈鷲山毗盧觀音共二十五尊觀音神尊安座現場，祈請觀音菩薩降臨壇城，普灑甘露，為信眾及桃園地區帶來慈

悲與安定；並擴大舉辦「宗教聯合祈福會」，邀請桃園地區宮廟代表及兩百多位貴賓共聚聖會，祈願和平共振愛地球。

今年水陸法會，三乘高僧齊聚，包含緬甸國家最高教育班智達大師僧伽法庭庭長及總秘書長班迪達比溫達大師（Bhaddanta Sandi Marbhivamsa）、現任藏傳寧瑪派第七任掌教教主同時也是噶陀傳承黃金五法座之一的格澤法王（H.H.Kathok Getse

↑ 呼應水陸二十五週年，特別邀請北部觀音廟宇的二十五尊觀音神尊共聚聖會。

Rinpoche）、緬甸仰光全國上座部佛教巴利大學校長鳩摩羅尊者（Bhaddanta Kumara）、龍欽心髓菩提佛學會朱祖吉美仁波切、緬甸國家撣邦省木傑縣督喀明達大師（Bhaddanta Sukha Min Da，木結大師）、緬甸國家撣邦省臘戌崩亞南達大師（Bhaddanta Ponnya Nanda，曼殊大師）等蒞臨法會現場，並於內壇結界同聚一堂，同為法會加持，為大眾帶來法喜祝福，內壇結界前並以具有見即解脫功德的「金剛舞」，為大眾滅除業障，增長福報。

法會進行期間，大會禮請緬甸國家最高教育班智達大師僧伽法庭庭長及總秘書長班迪達比溫達大師、緬甸仰光全國上座部佛教巴利大學校長鳩摩羅尊者分別主持齋僧大會與八關齋戒，讓今年的水陸法會更顯殊勝。

每年水陸法會皆舉辦「愛心贊普」捐贈，將募集到的物資，包括六萬六千斤白米、四千六百餘桶食用油，與桃園地區四十四個弱勢團體，以及四千六百餘戶有需要的家庭結緣，充分落實水陸法會「大普施」精神，把關懷化為實際行動，回饋給桃園、新北在地鄉親。

而今年水陸展區，也安排多場水陸二十五週年的特別活動。在東大門展區放置巨型扭蛋機，以「生命和平大學，我就是力量」為主題，推廣百元護持。並提供《永續愛地球愛和平的DNA》生命和平大學善書供民眾索閱。在智慧門展

區，也有「開山三十五週年弘法利生志業導覽」，並排定八場「靈鷲講古」，由靈鷲山常住法師親為信眾講授，期使大家都能有所收穫與領悟。今年特別規劃平安禪體驗區，由靈鷲山常住法師親自帶領民眾平安禪修，讓體驗的民眾獲得心靈的安寧。

心道法師於水陸送聖儀式為大眾開示：「感謝法會期間所有功德主與志工的護持，更要感謝桃園市政府的協助，圓滿這場水陸空大法會。而水陸圓滿後，大家要讓菩提心成為生活的重點，放下一切執著罣礙，保持覺察的心，隨時隨地行善助人，讓菩提心淨念，持續的在生活中落實。」

↑水陸二十五週年，大會特別安排具有「見即解脫」功德的「金剛舞」。

↑今年水陸法會，禮請三乘傳承上師蒞臨法會現場，利益冥陽兩界眾生。

師父於靈鷲山水陸空法會幽冥戒開示

同體幽冥眾生 示現觀音慈悲力

↑心道法師於靈鷲山水陸空大法會為大眾開示。

　　各位精進的菩薩大德，今晚是水陸空大法會的幽冥戒儀式，我們要把歷代祖先、冤親債主，請到這個殊勝場合受戒。在受戒過程中，我們也一同去感受這份加持力。幽冥戒就像在千年苦難的黑暗中，出現的一盞明燈。以智慧來照破黑暗，讓六道群靈，受持菩薩戒，離苦得樂。今天我們也特別為衛福部臺北醫院護理之家的罹難者祈禱，祈願他們離開苦難、得到安寧，也祝福受傷者都能夠身心平靜安寧。

　　戒是我們學佛的根本，受戒、持戒才能得到諸佛菩薩的護佑，進而與諸佛菩薩產生連結。持戒就像一套導航設備，有良好的前行，就能在因緣中，帶動生

命轉換的力量，讓生命放下煩惱牽絆，產生良性的循環。

在受戒之前，我們最重要的就是信心、皈依、懺悔、發心。首先生起信心，透過師父教導的四期教育，認證自己的心，以瞭解、學習，進而認證自己，每一個人都有成佛的覺性，本不生滅，本自具足。

接著皈依三寶，我們稱佛為師，稱法為師，稱僧為師，以本具的靈覺心，依止大覺的佛、三藏之法、三乘道侶之僧。我們要皈依三寶正法、不依非法，讓知見單純、無雜，心就能夠明朗。

再來就是懺悔、發心。當我們皈依三寶後，要勤修戒、定、慧。戒是無上菩提本，也是覺悟的根本。我們要懺悔宿世厚重的煩惱、渴愛欲求，瞭解到一切罪障都是妄想所生。當淨化、鬆開種種的習性跟貪執後，身心光潔方能納受戒體。

六道靈識眾生在未受戒前，所存在的世界是沒有光明、沒有快樂的。若能至心懺悔，內心就會現出光明的清淨心，讓思緒理路通達，具足光明的正知見。我們從內壇一直到梁皇壇，除了懺除五毒的妄執，更要記得勤行善法，建立大乘的正見，讓思緒理路通達，也就能產生自覺覺他，慈悲利他的菩提心。

第四個是發菩提心，為了鞏固修道的信心，成佛度眾的願力，不會輕易因為世間的種種惡緣、惡法而退失，我們還要發菩提心，唯有時時憶念眾生的苦、自身的苦，發起慈悲利他的菩提心，才能照見自心、照明法界，連結光明、無盡的生命循環。

這個菩提心是從哪裡來的？四聖諦的苦、集、滅、道是宇宙運行的真理，也是讓我們能夠離苦得樂的方法。我們去理解苦的因，去惡修善，奉行八正道而能夠離苦，同時也生起度一切有情眾生離苦得樂的大悲心，進而鞏固成就我們的菩提心。

殊勝的幽冥戒，讓眾生生起了成佛的信心，對三寶的信心，以虔誠真心，來懺悔妄心所造的一切妄相執著，直至「心亡罪滅兩俱空」，我們的業才能懺得乾淨，才能發起上求佛道、下化眾生的大乘菩提心，之後我們更進一步至心求取大乘的戒律。

　　而幽冥戒的三個法則就是大乘的「三聚淨戒」。第一個就是攝律儀戒，誓斷一切惡，每一個心念和行為，一直到微細的地方，都不能傷害一切眾生。第二個是攝善法戒，誓修一切善，在每一個心念和行為都要利樂一切有情眾生。第三個是饒益有情戒，誓度一切眾生，每一個心念和行為都是為了覺醒一切眾生，了悟佛的知見。

　　我們今晚受的戒有十個戒相，是菩薩行持的重要軌則，就是不殺生、不偷盜、不邪淫、不妄語、不飲酒、不說四眾過、不自讚毀他、不慳惜加毀、不瞋心不受悔、不謗三寶。我們照著這十個法則走，生出清淨心，由戒相進入淨潔的體性，證入空性，自然能夠離惡生善，回到大覺的懷抱。幽冥戒的戒體，是一得永得，一旦啟動了覺性的防護罩，這些清淨無染的戒體，就會跟隨著我們，直到成佛。

　　我們在幽冥戒受持的淨戒，每一條戒法都是佛陀給我們的福氣，都會受到戒神的護佑。每受持一條戒法，就會多一份的福德。三聚淨戒是一艘渡生死苦海的大船。遵從這三個法則，也就是誓斷一切惡、誓修一切善、誓度一切眾，就能入涅槃城，走向不生不滅的要道。大家要攝心專注，如法納受此無作妙戒，進入我們的體性跟靈性，結成善業，善行菩薩道，願行具足。

　　在未來，彌勒菩薩將以化身示現，度化眾生。我們要效法彌勒菩薩的持戒精嚴，從清淨八識田的種子，自顯同體悲願之心，大家才能夠遠離惡業、不受惡法。也要效法觀音菩薩的普門示現，以大悲十心來利益眾生。我們應該發起大悲心、平等心、無為心、無染著心、空觀心、恭敬心、卑下心、無雜亂心、無見取心，以及無上菩提心，具足這十心來純淨內心的雜亂，進入清淨的法界。最後契入普賢菩薩的十大願行，來圓成佛道。

　　最後祝福大家淨念相續，納受清涼法味，成就無上菩提，阿彌陀佛。

第二屆生命和平音樂會
慈悲願力化現 傳播和平種子

↑靈鷲山緊接著水陸法會圓滿後於桃園巨蛋體育館舉辦「生命和平大學音樂會」，為地球生態危機發聲，呼籲共同推動「愛地球‧愛和平」運動。

　　水陸空大法會圓滿後，靈鷲山接著於桃園巨蛋體育館舉辦「第二屆生命和平音樂會」。特別在這殊勝的空間規劃音樂會，意在將生命和諧、生態環保、愛與和平的理念，與生命和平大學結合。

　　生命和平大學未來將以禪、佛法與科學作連結，創建以靈性教育為主的愛地球專業大學。培養來自世界各地的學術研究人員，在佛陀的覺醒及慈悲中，以科學的精神發現讓地球和平、永續的DNA。

　　今年生命和平音樂會演出的陣容，有旅美小提琴家廖姵琰、愛沙尼亞的梵音歌手周毛嘉，以及歌手林喬安演唱靈鷲山開山三十五週年主題曲「讓心回家」；並在優人神鼓與新逸交響樂團詮釋，演繹出愛地球愛和平的動人樂章，以

及對生命和平的想望。音樂會邀請知名作家蔡詩萍以說故事方式，講述心道法師開山三十五年的歷程，以及中央研究院院士曾志朗分享創建生命和平大學的理念。而心道法師也上臺帶領現場近萬的大眾領受平安禪的寧靜喜悅。

節目最後，心道法師帶領全場近萬人手捧心燈，為世界和平、臺灣和諧祈願，並持誦〈六字大明咒〉。大家互綁「我就是力量」的願力帶，由靈鷲山法師敲響和平鐘，象徵人間觀音、和平行願的實踐理念繼續開展。

↑ 大眾互綁「我就是力量」的願力帶、敲響和平鐘，象徵人間觀音、和平行願的實踐理念。

心道法師為大眾開示：「戰爭為我們帶來傷痛，所以我們要積極地尋找解決的方法。生命本就是和諧跟安定的，我們一同從『心』做起，就能發現多元共生的本質，創造生命的安定，帶動世界走向和平。」

↑ 心道法師呼籲大眾，從「心」做起，創造生命的安定，走向世界和平。

暑期兒童消防夏令營
夏日饗宴發爾麵 How Fun

↑ 全球心寧靜教師團於下院聖山寺善法大樓帶領小朋友學習寧靜一分禪，希望孩子靜心，體驗接下來的消防救災教育活動。

靈鷲山與新北市政府消防局再度合作舉辦暑期兒童消防夏令營「夏日饗宴——發爾麵How Fun」教育活動。分別於八月二十一日、二十四日在靈鷲山上院無生道場與下院聖山寺舉辦第十三、十四梯次體驗活動。

靈鷲山與新北市政府消防局合作，提供活動場地，讓消防夏令營的孩子們能夠上山與靈鷲山結緣。活動首先安排學童參訪無生道場，由全球心寧靜教師團接待學童們於上院華藏海圓通寶殿體驗寧靜一分禪。培養孩子在日常生活中，隨時把心寧靜下來，將心專注於當下學習的事項上；也訓練學童遇到事情，能冷靜專注處理的能力。結束上院的參訪後，轉抵下院聖山寺金佛殿。靈鷲山常住法師帶領學童參觀金佛殿中的三尊金佛，在導覽過程中，志工們親切教導孩子到寺院參訪應有的禮儀。

↑在下院聖山寺善法大樓外，新北市消防員
引導孩子們體驗各式救災工具。

之後，由新北市消防局工作人員以專業教導學童，將消防知識及遇到危險時的因應方式融入遊戲中，以「防災OX」讓小朋友在分組競賽的遊戲過程中，自然記住種種消防知識；「溺水救援」、「消防救火」則激發小朋友身為小小消防員的使命感。而防災不僅單指火災，臺灣地理因身處地震帶，新北市消防局也特別帶來地震體驗車，模擬地震發生的情況，讓小朋友感受到發生地震的當下，應該如何因應可能發生的災況。

靈鷲山與新北市消防局所安排的夏令營，連年引起熱烈迴響，今年更多達三百五十位孩童上山體驗。活動結束時，下院聖山寺監院懇慧法師也親臨現場，勉勵孩童要好好學習防災知識，並代表靈鷲山接受新北市政府消防局陳勝照委員致贈感謝狀。

↑在下院聖山寺外，新北市消防局帶來地震體驗車，模擬地震發生的情況。

心道法師前往佛光山
為星雲大師拜壽
會談生命和平大學計劃

佛光山開山宗長星雲大師壽誕，心道法師特別率領僧俗弟子，南下高雄佛光山，為恩師祝壽。

心道法師見到大師精神如同以往神采奕奕，祈願大師繼續為眾生弘揚佛法。心道法師自佛光山星雲大師座下出家，在大師同意下，於圓明寺苦修，並於二〇一三年佛光山傳法大典，回山接受大師傳法。

↑心道法師率領僧俗弟子前往佛光山為恩師星雲大師祝壽。

此次會面，心道法師向大師報告靈鷲山生命和平大學的進度；並向星雲大師請益過往佛光山在全球各地興辦大學的辦學經驗。星雲大師讚許心道法師的用心，表示：「凡事慢慢來，一定能成功。」會面圓滿後，心道法師再次向星雲大師頂禮、告假。

接著，佛光山慈容法師則引領心道法師一行，前往佛陀紀念館參觀。雙方對館內藏物特展進行佛教交流，圓滿此次的會面。

←心道法師於佛光山佛陀紀念館參觀。

靈鷲山超薦法醫所
四千名臟器檢體
尊重亡靈 慈悲眾生

↑靈鷲山法師及五十位蓮友於臺北市第二殯儀館為「臟器檢體」舉行超薦法會。

　　在臺灣法務部法醫研究所所長涂達人邀請下，靈鷲山常住法師及五十位蓮友，於臺北市第二殯儀館舉行超薦法會，為法醫研究所四千多名，超過二年無人領回的臟器檢體超渡，祈願眾生萬緣放下，早生淨土。

　　法務部法醫研究所是國內唯一的法醫鑑定機關，自一九九八年成立以來，受理全國各地方檢察署委託辦理刑事案件死因鑑定及DNA鑑定。法醫研究所涂達人所長對於驗畢後的臟器檢體，希望能有更妥善、符合臺灣人文風俗的方式處理，為此則主動聯繫靈鷲山協助，並獲得心道法師的慈悲支持，因而成就這場殊

勝因緣的超薦法會。

　　法會會場，在法師及蓮友的虔誠誦念中，涂所長帶領法醫師及組室主管全程參與。法會圓滿後，所有檢體隨即火化，由善心人士捐資購置棺木及處理喪葬事宜，臺北市殯葬管理處也主動協助剩餘骨灰以植葬安置，力求法會儀式圓滿莊嚴。

　　靈鷲山本著公益社會的精神，以尊重生命的態度，提供各方團體協助。此次在法醫研究所的請託下，妥善協助處理檢體，未來也會繼續與法醫研究所合作，以關心、慈悲心來服務社會，發揮安定人心的力量。

↑臺灣法務部法醫研究所所長涂達人（右）頒發感謝狀，感謝靈鷲山心道法師的慈悲，成就這場殊勝的超薦法會。

玖月
September

中國佛教協會等貴賓來山
促進兩岸佛教界和平交流

↑中國佛教協會、廈門佛教協會、中華國際供佛齋僧功德會等一行人參觀下院聖山寺。

　　中國佛教協會、廈門佛教協會、中華國際供佛齋僧功德會一行人，在中國佛教協會副會長、南普陀寺方丈兼閩南佛學院院長則悟法師帶領下來山參訪，拜會心道法師。

　　心道法師熱情接待參訪團來到靈鷲山，首先引領參訪團參觀開山聖殿，介紹殿內佛像的歷史。在祖師殿時，心道法師也介紹這是靈鷲山第一棟建築，歷經多年未曾變動，保留開山初期的原樣。到了華藏海圓通寶殿，則特別提及殿內供奉之毗盧觀音，並述說與普陀山普濟禪寺之因緣，與兩岸觀音法脈的連結。

　　結束上院的參訪，一行人驅車前往下院聖山寺繼續參觀，於聖山寺朝禮來自泰國的三尊金佛，並欣賞由臺灣工藝大師林健成老師創作之百八觀音彩繪銅雕。參訪團成員仔細的欣賞一百〇八尊觀音精細的殊勝法像，感受到靈鷲山觀音法脈的傳承精神與願力。

　　心道法師會晤參訪團時表示：「見到兩岸佛教像朋友一樣交流，實在是非常的開心，佛教界能夠團結起來，對兩岸雙方都會很好。」

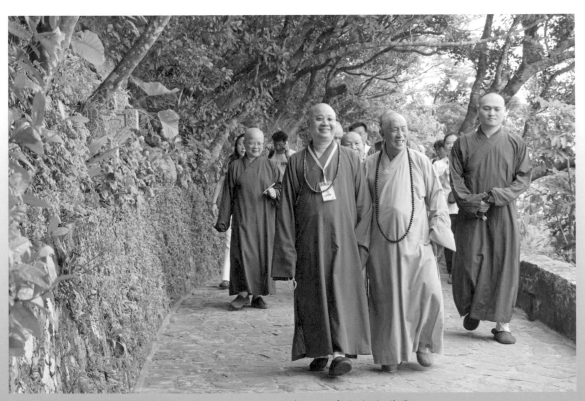

↑心道法師親自帶領中國佛教協會副會長則悟法師一行參觀無生道場。

2300萬人的幸福學堂
引領偏鄉學童 體驗世界宗教文化

↑新北市中山國小參觀宗博館。

世界宗教博物館長年以推廣生命教育與多元文化教育為己志，為服務偏鄉與弱勢學童，自二〇一二年起與王永慶先生教育基金會攜手合作，籌辦「2300萬人的幸福學堂」計劃。

每年主題規劃以館內導覽以及校園巡展內容為主，搭配DIY教育活動以及網路小學堂，邀請臺灣各地偏鄉學校學童免費到館一日遊；或以行動博物館概念以巡展方式將主題展覽帶入校園內，從體驗活動中，為學童種下生命教育的種子。

今年幸福學堂邀請全臺共二十三所學校參與，主題為「聖境巡禮遊世界」，以館內擬真的世界十大知名宗教建築縮影模型為題，引領學生觀察建築外觀與內部精細裝飾，延伸至各宗教文化之特色與涵義。以聖境之一的錫克教金廟為題，設計「纏繞畫錫克刀」的DIY教育活動，請學童在錫克刀上進行纏繞圖飾創作，繪製一把屬於自己獨一無二的錫克刀，提醒學童在成長歷程中，要時時維護公平與正義。

另，多元文化校園巡展主題為「多元文化世界觀——線條與宗教」，除了展板與教具操作，今年新增數位化教具設計，讓學童透過操作多媒體、手繪版等多媒體科技用品，深化線條在宗教與生活中多面向運用的手法。提供更多樣的學習方式，讓學童身歷其境、觀賞體驗的經驗更多元化。

↑宗博館邀請新北市中山國小學童於「2300萬人的幸福學堂」活動演出。

今年參與的學校或因地處偏鄉，多數家庭為新移民與弱勢族群，平日教育資源較貧乏且欠缺多元文化體驗，幸而老師們爭取機會，讓學生有機會培養宗教文化的國際視野。孩童藉由博物館設計的體驗活動，從宗教建築文化認識世界宗教，理解到生命更多樣的發展性。

二〇一八年度「2300萬人的幸福學堂」計劃行程表：

日期	學校名稱	日期	學校名稱
09/13	基隆市碇內國小	10/26	新北市三芝國中
09/14	新北市金山國小	11/06	宜蘭縣蓬萊國小
09/15	財團法人臺北市松陽社會福利事業基金會	11/08、12/06	新北市五股國小
		11/13、11/15	新北市成福國小
09/16	新事社會服務中心	11/22	桃園市海湖國小
09/18～09/19	南投縣同富國小	11/27	新北市長安國小
09/20	新北市青潭國小	12/04	新北市裕民國小
09/28	介惠社會福利慈善基金會	12/11	宜蘭縣柯林國小
10/02、10/05	新北市中山國小	12/18	新北市瑞平國小
10/03	新北市永平國小	12/22	新北市柑園國中
10/04	新北市榮富國小	12/25	新北市石門國小
10/17	桃園市奎輝國小	2019/01/11	新北市樟樹國小

緬甸臘戌華文學校教師增能計劃
協助提升當地教學能量

↑靈鷲山慈善基金會協助緬北華文學校提升教學能量，組織退休教師志工，前往緬甸臘戌弄曼地區服務。

　　靈鷲山慈善基金會為協助緬北華文學校提升教學能量，於二〇一八年三月及九月，持續組織退休教師志工，前往緬甸臘戌弄曼地區服務，服務期間除了到各校入班觀課、個別輔導外，也在果菁學校辦理師資培訓課程，為弄曼地區五所華文學校四十餘位教師，傳授語文、數學、幼教等領域的教學理念與技巧。九月份的服務並因應華校請求，由帶隊的服務團長（也是慈善基金會的董事）顏妙桂教授，為各校的董事、校長開辦校務主管研習課程，協助華校強化經營領導知能。

　　緬甸華文學校師資培育暨教師增能計劃自二〇一六年底開辦，迄今已在弄曼地區進行兩年四次服務，為弄曼地區果菁、果盟、果益、和平堂、以馬內利及和平等校，陸續舉辦初階、進階、精進師資培育課程三十六天，共有六校一百一十四人次參加，研習時數累積達兩千四百三十六小時；進行入班觀課及個別輔導三十四天一百四十七堂；此外，也適時辦理示範教學十五堂及教學演練十八堂；校務主管研習課程則有五校二十人參加，共計研習一百六十小時。持續二年四次的服務，為地處偏鄉的弄曼地區華文學校教師，帶來難能可貴的研習機會，尤其是全校教師可以一起受訓、同步成長，並且由資深老師親自到教學現場直接觀察、個別提供改進建議，確實讓教師們受益良多，受到當地華校熱切的歡迎，也獲得行政院僑務委員會的肯定。

↑靈鷲山在果菁學校辦理師資培訓課程，為當地華文教師，傳授語文、數學、幼教等領域的教學理念與技巧。

靈鷲山第六屆亞洲宗風營
喚醒生命的覺知 慈悲利益眾生

↑心道法師出席亞洲宗風營，為亞洲地區佛子勉勵開示。

靈鷲山每年於亞洲各地輪流舉辦「靈鷲山亞洲宗風營」，並恭請心道法師為亞洲地區的佛子勉勵開示。

今年「第六屆亞洲宗風營」移師泰國禪修中心主辦。現場有來自印尼、臺灣、香港、中國大陸、吉隆坡、檳城、柔佛、新加坡以及泰國當地，共一百多名護法幹部學員參與。來自各地的學員透過一年一聚的機會，交流佛法，凝聚共識。

今年營隊目的為「凝聚護法信眾的願力，建立護法正確的心態與觀念」、「認識師父宗風法教，發菩提心，行菩薩道」、「建構海外學員團隊的組織概念、行為準則與夥伴觀念」，及「了解教團志業及願景，激發護持力」四大項，以及深入了解認識靈鷲山六項生活原則，一心、二愛、三好、四給、五德、六度的宗風，透過聆聽寂靜、晨間冥思、慈悲與禪、願心向法等多元課程深入認識靈鷲山。

二十四日，心道法師特別率領僧眾一行赴拉查波比寺廟（Wat Ratchabophit Sathit Maha Simaram），拜會泰國現任僧王頌德帕僧咖剌・沙恭摩訶僧伽巴里拿裕（Somdet Phra Sangkharat Sakonlamahasangkhaparinayok），並於晚間前往巴文黎威寺廟（Wat Bowonniwet Vihara）祝賀副僧王頌德帕灣南喇（Somdet Phra Wannarat）陞任住持，也邀請副僧王再度來山，為臺灣民眾祈福。副僧王曾於二○○八年護

送富貴金佛來臺，並於次年為靈鷲山聖山寺金佛園區主持動土灑淨儀式。

心道法師為學員開示：「我們要學習涅槃妙心、不生不滅，要了脫生死、斷煩惱。菩提心是利益一切眾生，大悲周遍到每一個眾生、每一個角落。而愛地球要相依共存，不要有戰爭，不要有毀滅的事情，這是未來二十年該努力的目標，也是發菩提心最好的展現。」

↑心道法師拜會泰國現任僧王頌德帕僧咖剌·沙恭摩訶僧伽巴里拿裕（Somdet Phra Sangkharat Sakonlamahasangkhaparinayok）。

↑心道法師與副僧王頌德帕灣南喇（Somdet Phra Wannarat）會面。

↑各國的學員透過一年一聚的機會，學習慈悲與禪的靈鷲宗風，交流佛法，凝聚共識。

基金陽金淡金公路
消災祈福公益大法會
以觀音菩薩願力 祈願亡魂安靈

↑大眾共同誦持《地藏菩薩本願經》，
將功德迴向給意外往生的亡靈。

靈鷲山基隆區護法會於新北市金山區的中山堂舉辦「基金、陽金、淡金公路消災祈福公益大法會」，為新北市金山、萬里、北海岸一帶的交通事故意外亡魂，進行超渡儀式。

靈鷲山於一九九四年首次舉辦「基金、淡金、陽金公路超渡大法會」，在二〇〇四年曾擴大為基隆、福隆地區的「路、海、鐵三路超渡法會」。近年來，則與靈鷲山下院聖山寺春、秋兩季祭典聯合啟建。

今年在基隆護法會委員信眾的願力下，再度隆重啟建。法會由信眾共同誦持《地藏菩薩本願經》，將功德迴向給意外往生的亡靈；下午啟建「瑜伽燄口法會」，祈願濱海公路往生者的亡魂安靈，速得解脫。

↑心道法師的悲願、基隆護法會委員、志工的承擔以及地方人士的襄贊，才能成就圓這一場利益眾生的法會。

法會圓滿後，邀請到靈鷲山性月法師為今年基隆地區水陸護壇願力委員頒贈獎狀，感謝他們在這一年為水陸法會的付出。

心道法師曾開示：「新北地區基金、淡金、陽金公路，是北部很重要的交通要道。我們為什麼要做公路超渡，因為除了愛自己，也要愛我們的鄉里，愛我們整個金山、萬里過路的這些人，不要出任何的狀況，大家都要平平安安。」

第一屆觀音文化國際論壇
隨著觀音腳步　領會觀音慈悲

↑「第一屆觀音文化國際論壇」邀請來自各地觀音文化的學者發表演說。

　　靈鷲山於世界宗教博物館舉辦「第一屆觀音文化國際論壇」，邀請六位來自各地研究觀音文化的專家學者，以「百八觀音信仰文化的流傳」、「漢傳觀音信仰文化的流傳」及「觀音造像藝術的探討」三大主題發表演說。

　　論壇為期兩天，第一天邀請尼泊爾百八觀音研究專家、日本曹洞宗德林寺住持高岡秀暢法師（Ven.Master Hidenobu Takaoka）以〈我的百八觀音緣〉、〈從尼泊爾到日本觀音信仰與文化的異同〉為題演說。下午則由尼泊爾藝術文化交流工作者塔姆先生（Sarbottam Shrestha）以視訊會議的方式演說〈從紅白觀音節慶談尼泊爾的觀音信仰與修行〉；接著由中國文化大學史學系教授陳清香主講〈三十三觀音信仰與圖像的流傳〉。最後邀請靈鷲山顯月法師談〈從靈鷲山的觀音信仰與文化談生命和平大學的願景〉，分享靈鷲山長期在世界各地推動「愛與和平地球家」、普門示現的理念。

　　第二天則由尼泊爾專業工藝佛像師蘇睿智（Suraj Shakya）主講〈從釋迦族後代造像師看尼瓦佛教藝術的佛像造像藝術特色及觀音信仰在尼泊爾的流傳〉。最後由林健成美術工作室總監張小玲主講〈『現』與『藏』，無盡『藏』～林健成先生的『觀音緣』〉。

↑ 日本曹洞宗德林寺住持高岡秀暢法師以〈我的百八觀音緣〉、〈從尼泊爾到日本觀音信仰與文化的異同〉為題演說。

在六位講者精彩的演說下，現場聽者領會觀音的慈悲與智慧，了解到百八觀音從尼泊爾、日本，再到臺灣靈鷲山的因緣。

　　論壇閉幕式，尼泊爾工藝佛像師蘇睿智也將遠從尼泊爾帶來的觀音、模板工具致贈給宗博館，由宗博館陳國寧館長代表接受，為此次的觀音文化論壇畫下圓滿句點。

↑ 靈鷲山顯月法師談〈從靈鷲山的觀音信仰與文化談生命和平大學的願景〉，分享靈鷲山長期在世界各地推動「愛與和平地球家」的理念。

聖山寺秋季祭典暨大悲觀音
更密無上圓滿施食大法會
度化幽冥 超脫苦趣

↑心道法師親自主法圓滿施食大法會，引領僧俗弟子共修、超薦冤親債主。

靈鷲山下院聖山寺啟建「二〇一八年聖山寺秋季祭典暨大悲觀音更密無上圓滿施食大法會」。由靈鷲山開山大和尚心道法師親自主法，引領四眾共修，超薦累世冤親債主，脫出苦輪。

心道法師早年歷經外雙溪、宜蘭莿仔崙骨塔等苦修，立下誓願救度六道眾生，啟建圓滿大施食法會。在一九九九年圓滿百場「圓滿施食」之後，更在春秋兩季以「大悲觀音更密無上圓滿施食」傳承度亡法要，持續擴大啟建。

秋季祭典法會第一天，由心道法師主法「大悲觀音薈供、度亡煙供」；中午特別安排了「公益捐贈儀式」。新北市政府消防局副局長陳崇岳代表出席，接受

靈鷲山所捐贈的白米、食用油等民生物資，以及一千五百個住宅警報器。並表示未來將協助新北市平溪、雙溪、貢寮區的獨居老人、身障者、低收入戶、高風險家庭等弱勢族群，優先安裝。第二天所啟建的「瑜伽燄口施食法會」，目的是在施食餓鬼道眾生，藉由佛菩薩

↑ 新北市政府消防局副局長陳崇岳代表出席，接受靈鷲山所捐贈的白米、食用油等民生物資，以及一千五百個住宅警報器。

的加持和願力，幫助孤魂野鬼，飲食飽滿、解脫苦趣。而施飲食者，非但可以不墮此道，還能延年益壽。

心道法師於法會現場開示：「圓滿施食是延續過去我在墳場跟眾生發的願，祈請祖師來加持這場超渡得到殊勝成果，結界升起觀音菩薩壇城，迎請眾生來到法會，讓亡者得到法教加持力，去除六道眾生的業，得到淨化。」

↑ 僧俗信眾精進共修，超薦累世冤親債主，脫出苦輪。

百八觀音彩繪銅雕
開光灑淨大典
願觀音慈悲願力普照人間

↑心道法師主持下院聖山寺金佛殿百八觀音彩繪銅雕開光灑淨大典。

　　靈鷲山以觀音法脈做傳承，為追溯百八觀音的法源，邀請唐卡畫家昆桑切培喇嘛依文獻資料繪製一百〇八幅唐卡，並由工藝大師林健成製作觀音彩銅雕塑，創作出一百〇八尊觀音彩繪銅雕法像，安座於靈鷲山下院聖山寺金佛殿內，於九月三十日舉行開光大典。

　　開光大典當天，恭請靈鷲山開山大和尚心道法師、新北市佛教會理事長淨耀法師、臺北市佛教會理事長明光法師主法，為安座於下院聖山寺金佛殿內的百八觀音彩繪銅雕聖像灑淨開光。

115

當日臺日宗教界代表雲集，秋高氣爽的陽光灑落，如同觀音慈光一般，普照大地，讓參與貴賓及信眾大呼觀音願力無遠弗屆。三位主法法師敬呈毛巾象徵擦去無明、擦除垢染，再用毛筆在鏡子上點朱砂開光。數十名精進修持的榮董幹部和一百〇八名百萬大悲行者與貴賓、志工共同繞行金佛殿。場外結合「同根生」樂團帶來的音樂饗宴，以及宜蘭舞蹈團、响仁和鐘鼓廠第二代傳人王錫坤等地方特色表演，宛如一場宗教嘉年華盛會。

日本曹洞宗德林寺住持高岡秀暢法師（Ven. Master Hidenobu Takaoka）、日本高野山真言宗和泉寺住持田中智岳法師、唐卡畫家昆桑切培喇嘛、林健成老師美術工作室總監張小玲、內政部移民署專門委員陳文欽、東北角風景管理處主任秘書金保樑、中華投資公司董事長李瑞倉、貢寮區長陳文俊、地方民代、里長、里民等均到場共沐佛恩。

↑唐卡畫家昆桑切培喇嘛蒞臨百八觀音彩繪銅雕開光灑淨大典。

心道法師於百八觀音開光灑淨大典為大眾開示：「百八觀音、千手觀音是從一幅畫開始，經過十年的尋找、探索、研究、設計才製作完成，過程中得到高岡秀暢法師、林健成老師、塔姆先生等來自日本、臺灣、尼泊爾的善緣，共同成就百八觀音的神聖，才有大圓滿的開光。」

←日本曹洞宗德林寺住持高岡秀暢法師贈送《百八觀音木刻圖像集》。

拾月

October

鹽寮和平祈福超渡法會
臺日友好 交誼永固

↑日本高野山真言宗京都支所和泉寺住持田中智岳法師（左一）主法「鹽寮和平祈福超渡法會」。

　　靈鷲山邀請日本高野山真言宗京都支所和泉寺住持田中智岳法師及臺灣真言宗常住法師共同於新北市鹽寮海濱公園為乙未戰爭所犧牲的軍士將領舉辦「鹽寮和平祈福超渡法會」。

　　一八九五年馬關條約清朝因甲午戰敗割讓臺灣給日本，由日籍皇室親王率領兩萬五千名日本士兵在臺灣東北角鹽寮（今澳底附近）海灘一帶登陸；其中部分士兵因不諳水性，造成當時多數船員命喪大海。經過多年，鹽寮一帶居民反映地方不安寧，心道法師為安定居民的心，特別禮請來自日本的法師啟建一場超渡法會。

靈鷲山近年在籌備百八觀音計劃期間，曾獲田中智岳法師的協助，在一次對談中與田中智岳法師透露這段歷史，法師亦感於311地震臺灣對日本的協助，即允諾來臺協助這場和平祈福法會。

超渡法會全程以傳統日本科儀進行，由田中智岳法師主法以及日、臺真言宗法師以及靈鷲山常住法師共同啟建。透過「理趣三昧法會」，法師虔敬誦經、持念真言迴向，為有緣眾生引生善趣、導歸密嚴淨土。

法會現場，邀請到日治時期於臺灣出生的日本人松本洽盛等，代表日本迎接亡靈歸鄉。贊助整場法會經費的靈鷲山榮董會副總會長葉聲酉的夫人顏立琍、其子葉俊杰，以及「好人會館」執行長黃榮墩、召集人翁純敏等也全程恭敬參與。

法會圓滿後，靈鷲山常住法師代表心道法師贈送親自書寫的「愛與寬恕」墨寶，給田中智岳法師，感謝其為臺日文化交流貢獻心力。

↑靈鷲山法師代表心道法師贈送親自書寫的墨寶給田中智岳法師（左二），感謝其為臺日文化交流貢獻心力。

馬來西亞吉隆坡
觀音薈供消災祈福法會
覺醒無常 證得佛性

↑心道法師蒞臨馬來西亞吉隆坡中心為大眾開示。

　　心道法師前往馬來西亞吉隆坡中心會見當地信眾，並在吉隆坡蕉賴民政大廈宏願禮堂主法啟建「觀音薈供消災祈福大法會」。

　　每年心道法師必定排出時間親臨馬來西亞吉隆坡中心與當地信眾會面，不管是會見新緣或者多年弟子，透過觀音薈供法會期勉大眾要警覺無常、精進修行。

　　今年是連續第九年在馬來西亞吉隆坡舉辦「觀音薈供消災祈福大法會」，由心道法師親自主法，引領大眾修持觀音法門。每一位信眾虔誠的持誦聲中，成

就功德、累積福德智慧。會後,心道法師也親自出席圓滿餐會,接受弟子提前暖壽祝福。

　　心道法師為大眾開示:「世間的輪迴是苦的,不管有多好的財富、權勢,生病的時候沒有人可以替代我們,一切的苦都要自己承受,我們要透過了解苦、了解無常,來學習不無常的東西。要趕緊種植福田,儲蓄好的善業,再學習解脫生老病死,學習涅槃寂靜、不生不滅的證悟,這也就是佛陀給予我們最好的禮物。」

↑ 靈鷲山於吉隆坡蕉賴民政大廈宏願禮堂啟建「觀音薈供消災祈福大法會」。

新北有愛 地球平安
靈鷲山第四屆大悲行腳

↑靈鷲山常住法師引領大眾念誦祈願文。

　　靈鷲山於新北市樹林區猄寮公園舉辦第四屆大悲行腳「新北有愛・地球平安」活動，以實際行動推展「愛地球・愛和平」的理念。靈鷲山為觀音傳承道場，靈鷲人最重要的修持之一就是〈大悲咒〉。信眾要經常念誦〈大悲咒〉，潔淨內心的憂慮，保持覺靈的心。

　　靈鷲山每年由各區會輪流籌辦大悲行腳活動，自二〇一五年首次發起全臺大悲行腳活動起，陸續在宜蘭龍潭湖、基隆中正公園、臺北市大安森林公園舉辦。今年輪到新北市C區護法會於新北市樹林區猄寮公園舉辦，希望將眾人的慈悲與善念，以〈大悲咒〉咒音，共振全臺以至全球，為臺灣祈福，迴向地球平安。

　　此屆活動於下午一點半開始，全臺靈鷲人於猇寮公園集合，由「醇音樂坊」的國樂組曲悠揚開場。靈鷲山恆傳法師帶領信眾體驗平安禪，活動開始現場湧入近千人靜坐禪修，在平安禪寧靜的氛圍下，都市的喧囂聲也寧靜下來了。

　　接著大良法師帶領十多位常住法師與所有信眾，在心道法師的〈大悲咒〉唱誦音下，沿著猇寮公園、三多國中四周人行道、光華公園繞行。活動最後，新北市政府農業局贈送七百棵梔子花樹苗，與參加者結緣。希望藉由每一位民眾的手，讓地球充滿綠意，蝴蝶、蜜蜂等昆蟲可以永遠在我們的土地上飛舞。每一位靈鷲人手捧樹苗，與新北市政府民政局主秘陳怡君、農業局景觀處長林芳良、樹林區長林耀長等貴賓，跟著童軍小狼合唱團一同合唱「一個乾淨的地球」，並念誦祈願文，為活動畫下圓滿句點。

　　心道法師曾開示：「〈大悲咒〉是觀世音菩薩的大慈悲心，字字句句都是修道成佛的重要口訣。藉由大悲行腳的實際行動，學習觀世音菩薩聞聲救苦的精神，將個人修行擴大到社會。」

↑街邊信眾見大悲行腳隊伍，停下腳步一同念誦〈大悲咒〉。

梵諦岡阿尤索主教來山
溫和對話深化友誼

↑ 梵諦岡宗教對話委員會秘書長阿尤索主教來山參訪。

梵諦岡宗教對話委員會秘書長阿尤索（H.E. Msgr. Miguel Ángel Ayuso Guixot）主教及副秘書長英都尼蒙席（Msgr. Indunil J. Kodithuwakku K.）來臺出席「第一屆天主教修女與佛教比丘尼對話國際研討會」，在研討會前特別來山，拜會心道法師。

阿尤索主教及副秘書長英都尼蒙席抵達上院，由心道法師親自接待導覽無生道場，阿尤索主教特別告訴心道法師，上一趟來時，天空陰霧並沒有看到太平洋海景，當時就許下願，下次來一定要看到海景，沒想到真的實現。

　　心道法師在二〇一七年曾前往梵蒂岡會見方濟各教宗，當時即是由阿尤索主教親自引領接待；在二〇一七年底靈鷲山與梵蒂岡共同於下院聖山寺善法大樓舉辦「第六屆佛教徒與基督徒對話國際研討會」時，即建立起深厚交流的情誼。

　　心道法師主動與阿尤索主教分享：「天主教與佛教都是很溫和的，我們的友誼加上上帝的愛，就能夠做更多利益眾生的事。透過彼此對話分享共同的經驗，能夠為我們生存的地球做最好的保護與延續。」

　　主教也特別問起生命和平大學的現況，並答應一同參與這個有意義的願力。

↑ 梵諦岡宗教對話委員會秘書長阿尤索主教特地來山拜會心道法師。

韓國第五屆世界禪修大會
透過禪修讓心的覺性不變

↑韓國首爾參佛禪院院長覺山法師（右）邀請心道法師與會第五屆世界禪修大會。

靈鷲山開山大和尚心道法師受韓國首爾參佛禪院院長覺山法師邀請，再度前往韓國江原道參加「第五屆世界禪修大會」。

心道法師帶領與會的禪修學員體驗靈鷲山平安禪，並接受學員提問禪修與佛法相關問題，是一次難得的禪修對話。在提問時，一名學員問道：「目前在韓國開始興起冥想修行，請問冥想跟佛教的禪修是否一樣？」心道法師回答：「現代很多人將冥想歸類與禪修相同，但冥想與禪修方式事實上是不太相同的。佛教中的禪修，是在我們的覺性上專注與清楚，離開現象，不要讓心漫遊在一切的地方，要在覺性上安住不變。」

↑心道法師巧遇泰國禪修大師阿贊查的大弟子阿贊間夏（右）。

活動結束後，心道法師巧遇泰國禪修大師阿贊查（Ajahn Chah）的大弟子阿贊間夏（Ajahn Ganhah），遂當面邀請阿贊間夏長老有機會一定要到臺灣靈鷲山交流禪法，這場巧遇也讓此行程更加圓滿。

↑心道法師親臨第五屆世界禪修大會帶領學員平安禪修。

靈鷲山聖山寺玉佛殿動工大典
為玉佛蓋一個家 延續佛法傳承使命

↑靈鷲山邀請護法善信見證下院聖山寺玉佛殿動工大典。

　　靈鷲山在二〇一三年底，自緬甸迎來多寶臥佛及放光玉佛兩尊玉佛後，即暫時安置在下院聖山寺外的玻璃屋中，等待時機圓滿再建造玉佛殿。

　　今年十月，靈鷲山正式舉行「聖山寺玉佛殿動工大典」，委請宗博館的展示設計公司Ralph Appelbaum Associates Incorporated（RAA）設計，預計工期兩年半完成。玉佛殿未來預計規劃為三層樓的建築，一樓安放多寶臥佛及放光玉佛；二、三樓規劃為四期教育展場，讓善信前來禮佛之際也能薰習佛法。

灑淨開工大典上，眾人同誦〈大悲咒〉，吉時一到，法師們帶領大家鏟下第一鏟，祈願樹德鴻基、巍峨鼎新；第二鏟，祝願紹隆佛法、長興源流；而後由總統府國策顧問暨靈鷲山榮譽董事會總會長陳進財帶領與會大眾鏟下第三鏟，希求僧行咸安、禪風永扇，動土典禮圓滿。

動土典禮當天貴賓雲集，靈鷲山聖山寺監院懇慧法師表示，聖山寺玉佛殿能如期建設，除了要感謝一路以來護持總本山建設的每一位護法善信外，也要感謝榮譽董事會陳進財總會長以及榮董會成員，從總本山開山聖殿、華藏海圓通寶殿、下院金佛殿、善法大樓等建設都慷慨解囊大力護持並帶頭拋磚引玉。

緬甸兩尊玉佛與靈鷲山緣起於二○○八年，當時緬甸高僧烏歐巴達尊者在禪定時，看到了曼德勒西北部有個白玉礦區在發光，於是就請心道法師前來，因而與這兩尊玉佛結緣。

心道法師曾開示：「所有聖地、聖蹟的建築，都是呈現出我們內心的莊嚴，好讓後世眾生可以在不同的時間、同一空間裡，得到一樣的修行聖境。這也是我們為玉佛蓋一個家的使命，建造一份饒益後世，為佛弟子種植福田的機會。」

心道法師受邀出席
世界宗教大會
展開跨宗教交流合作行動

↑心道法師受邀於「第七屆世界宗教大會」開幕致詞。

　　心道法師以世界宗教博物館創辦人身分受邀參加於加拿大多倫多舉辦的「第七屆世界宗教大會」（Parliament of the World's Religions，PoWR）。本屆大會吸引超過八十個國家，共兩百多種不同宗教信仰，多達七千人的世界宗教領袖與信徒共聚一堂。

　　心道法師為此次會議重要宗教領袖之一，首先受邀於開幕式中發表演說並帶領大眾體驗一分禪。在開幕儀式的演說中，心道法師以氣候變遷為主題，說明南北極冰川崩解以及地球物種瀕臨滅絕危機的現況，呼籲大眾療癒地球要從靈性的力量出發，推動多元共生、相濟共存的全球生態倫理，讓地球萬物與人類生存得以永續下去。

在第二天（11/02），心道法師接受來自英國伯明罕的錫克教精神領袖摩伊德·辛格（Bhai Sahib Mohinder Singh Ji）邀請，分享創建世界宗教博物館、推動生命教育，以及目前在緬甸籌建生命和平大學的經驗。摩伊德也向心道法師表示，目前已經以宗博館為啟蒙教材，在倫敦建立一所中小學，未來也有創立大學、宗教博物館等計劃。

↑心道法師親自主持「檢視生態危機的深層根源：邁向靈性生態學」專題論壇，邀請德國慕尼黑大學、美國耶魯大學教授與會。

心道法師在第四天（11/04）親自主持「檢視生態危機的深層根源：邁向靈性生態學」專題論壇，邀請來自德國慕尼黑大學宗教系教授Michael von Brück擔任主持人，與美國耶魯大學、南方衛理大學等學者會談，關懷地球生態危機。

↑心道法師於世界宗教大會與各宗教界友人合影。

在第五日（11/05），世界宗教博物館於大會會議室舉辦平安禪修，以禪修作為連結，邀請國際友人來參加由心道法師親自帶領的平安禪；在同日下午，心道法師受邀參加以色列非營利組織「以利亞宗教交流協會」（Elijah Interfaith Institute）舉辦的「跨宗教的友誼：宗教領袖的見證與忠告」論壇，分享靈鷲山與天主教神父之間的友誼，以及靈鷲山護持隱修院所建立起的跨宗教深厚友誼。

當晚心道法師受邀在大
會發表「包容的承諾，愛的
力量：邁向和解」演講，從
生態倫理的角度來看人類與
生態之間如何共存。心道法
師分享：「地球是我們共同
的家園，沒有地球，就沒有
我們。每個宗教共通的就是
道德、慈悲、愛心的本質。
宗教與宗教之間，是像兄弟

↑心道法師於靈鷲山紐約道場主法圓滿施食法會。

一般的神聖情感。只要大家能夠有共同的理念，把同樣的一件事做好，產生和諧
共振的力量，就可轉化全球，消弭危機。」

在大會現場，世界宗教博物館特別規劃特展展區，由龍樹生命和平教育中
心（Nagarjuna Education for Peace and Life）學員協助向國際友人介紹靈鷲山與世
界宗教博物館，推廣心道法師「愛地球・愛和平」的理念。

在前往加拿大弘法之際，心道法師先行於紐約曼哈頓的靈鷲山國際總部，
主法圓滿施食法會及教授平安禪，希望未來曼哈頓總部能成為推廣生命和平大學
「愛地球・愛和平」理念的據點，也能作為當地信眾禪修、學習佛法的好地點。
此次的平安禪課程中，特別來了一位從舊金山前來的英國國教馬可安德斯
（Bishop Marc Andrus）主教，馬可主教同時身兼聯合國氣候變遷大會的要員，在
課後也特別與心道法師交換對於生命和平大學的理念，而馬可主教對心道法師的
理念也表示相當的認同。

師父於世界宗教大會致詞
檢視生態危機的深層根源

↑心道法師於世界宗教大會「檢視生態危機的深層根源：邁向靈性生態學」專題論壇致詞。

　　生態是地球整體維生系統的總和，這個生態系統是「有機性」的，一旦這個「有機性」被破壞，將是不可逆轉的災難。近年來，生態危機已經達到地球上最殘酷的現狀，極端氣候、物種滅絕，讓人們怵目驚心。聯合國也發佈「關鍵十二年」的警訊，讓我們更加驚覺到，不能再不馬上行動了。

一、息滅五毒，回歸靈性

　　人心的五毒——貪、瞋、癡、慢、疑，是一切苦難的根源，也是醞釀生態危機的源頭。瞋恨帶來對立、衝突、仇恨與戰爭，導致核武競備、恐怖主義等等；貪婪則帶來侵佔、掠奪、功利與競爭，以致資本主義、消費主義暢行，這些都對地球極具威脅性，對生態系統也產生極大的破壞性。

生命是基因記憶的延續，生態根源於靈性，唯有靈性覺醒，人心體會到地球危機的根源，才是地球轉危為安的關鍵。透過「懺悔」淨除一切內心的負面，放下我執，息滅五毒，把心的負面轉為正面、消極變成積極、悲觀轉為樂觀、冷漠轉為愛心，唯有回歸靈性的真心，才能共振萬物的能量，體會萬物「相依共存」的本質、與生命「多元共生」的頻率。

二、以古文明毀滅為鏡

跨領域的專業研究指出，地球文明的發展並非只有短短幾千年，遠在數萬年前或者更久，可能存有其他更高度文明發展的時期，甚至發展出比目前地球文明更高的科技水準，但最後不免覆亡，不管原因為何，可知的共同點是：如果人類文明破壞了生態環境的有機性，就會失去地球生命永續的條件，造成不可逆的生態危機，導致文明的衰亡與消失。

不論全面性的地球文明覆滅，或是區域性、地區性文明的衰亡，都有其生態環境被破壞的原因。古文明會滅絕，往往來自人類對自然資源的不當取用。科學技術的發明，雖然可以提高人類農業、工業等生產量，以及生活上的便利性，但沒有考慮到生態永續循環，當自然資源耗盡後，戰爭、饑荒、疾疫等，往往會讓文明毀於一旦。

三、多學習原住民的靈性生態智慧

「原住民」（Indigenous People）世代相傳的古老智慧中，正是保存許多可貴的文明法則，是寶貴的人類文明資產。比如：

（一）尊重地球母親：認為萬物都有靈，重視人與大自然要保持尊重與互惠的關係。

（二）祖靈崇拜：在祖靈的引導下，保存與大自然多元共生、相依相存的生態倫理觀，也承繼敬重天地、珍惜自然環境的神聖土地觀。

（三）與自然共生的生命態度與生活法則：像是原住民在打獵前都會先祈禱，只取得足夠維生的食物，不會過度消耗自然資源。例如：薩滿（Shamanism）的文化信仰秉持「人與自然萬物為一體」的自然觀，不同於現代人認為人是可以征服自然的、且人定勝天。

我們必須學習原住民與生態共生的靈性智慧，作為生活法則與生命態度，共同緩和生態危機。

四、推動靈性修持，建構生態教育平臺

當我們回到靈性的源頭，體會全然覺知的力量，將能覺察到地球是一個活生生的生命。我們用禪修、靈修、祈禱，來淨化、去除所有的雜質，回到單純的靈性，厚植良善，來轉化地球的現狀。

個體的「靈性修持」必然引導出整體的「生態自覺」。站在靈性的基礎上運用科技，是可以創造出對整體不可思議的效應，療癒我們的地球。我們正在緬甸籌建一所愛地球的生命和平大學，就是要積極的發現問題，利用科技的力量解決問題，解救地球的生態危機。

靈性修學的人，離不開關懷一切的發生，這些關懷也就是愛，這個愛就會產生防止痛苦、毀滅的方法，讓世界不要再遭受災難。我不是什麼專家學者，但因為我非常關心我們生存的地球與人類的平安，所以我不停歇的在思考解決的辦法。希望借取別人的經驗，彌補自己不足的地方，加上既有的經驗，呈現目前的想法，希望能分享給大家，利益這個世界。

最後希望大家一同響應：從靈性共振出發的「全球生態倫理」，徹底實踐愛地球自然法則：「多元共生、相依共存」，讓地球的永續成為我們共同的使命！謝謝！

拾
月

拾壹月
November

國際博物館協會博物館學專業委員會亞太分會國際研討會
博物館學與神聖性的轉化思考

↑ 宗博館邀請來自臺灣、馬來西亞、韓國、瑞士、德國、俄國等國的博物館學學者聚集，分享論文和交流。

世界宗教博物館與國際博物館協會博物館學委員會亞太分會（ICOM ICOFOM-ASPAC）共同於世界宗教博物館合作舉辦「二○一八博物館、博物館學與神聖」國際研討會。

邀請來自臺灣、馬來西亞、韓國、瑞士、德國、俄國等博物館學學者聚集，以不同宗教信仰的文化角度，分享宗教的神聖性如何在博物館展示中再次呈現，相互交流、分享彼此的經驗。

研討會分三場次，第一場首先由宗博館陳國寧館長、德國慕尼黑哲學教授

Hildegard K. Vieregg、瑞士Martin R. Schärer教授以「博物館的神聖性」交流討論；之後邀請輔仁大學神學院禮儀研究中心創辦人錢玲珠、俄羅斯阿爾泰國立師範大學教授Olga Truevtseva、韓國梨花大學名譽教授金洪男教授就「博物館、文化遺產物件與物質遺產」議題做探討。第二場由臺灣民藝暨臺灣博物館學研究室主持人及宗博館前館長江韶瑩教授、南華大學明立國教授、東華大學副教授巴奈・母路、國立臺灣博物館研究組李子寧研究員、馬來西亞布城自然歷史博物館館長鄭秀梅就「博物館的神聖性、宗教聖物的轉化思考」議題做探討。

　　最後邀請中國科技大學助理教授施登騰、韓國韓尚洙刺繡博物館館長金瑛蘭、中央研究院中國文哲所研究員李豐楙教授發表「展品神聖性數位轉譯、佛教刺繡品以及道教文物展品展覽議題」。

　　宗博館陳國寧館長致詞時表示：「神聖代表至高無上、莊嚴及神秘性，當宗教展品與宗教活動在不同空間、文化的環境下，是否還有其神聖性存在。要如何在博物館倫理的規範下，保有博物館的二次神聖。世界宗教博物館能有別於一般博物館的原因，是在當詮釋展品物件本身的歷史、美學以及文化背景時，更注重在啟發參觀者的初心、找回自己的本心，而這個使命，也就是宗博館創辦人心道法師的初衷。」

世界宗教博物館十七週年館慶
透過了解珍惜奉獻把愛延續

↑宗博館十七週年館慶，邀請緬甸迪達古長老以及天主教、基督教長老教會、中國回教協會、天帝教等多位跨宗教領袖代表，為世界宗教和諧日祈福。

　　世界宗教博物館舉辦十七週年慶「愛地球‧愛和平」系列活動暨「深河遠流——南傳佛教文化特展」開幕。當天特別邀請來自緬甸重量級弘法大師迪達古長老（Sitagu Sayadaw，英文音譯西達古）、天主教、基督教長老教會、中國回教協會、天帝教、生活的藝術臺灣全國中心等多位跨宗教領袖代表，以及多位外國使節等貴賓，為世界宗教和諧日祈福，宣讀「愛地球‧愛和平」祈禱文。

　　現場也邀請新北市政府秘書長許育寧、海地共和國大使庫珀、緬甸聯邦共和國駐臺北貿易辦事處代表明佑特，及當初捐贈博物館土地的東家集團潘慧珍董事長等貴賓蒞臨現場，與世界宗教博物館共同歡慶十七歲生日。

　　心道法師致詞表示：「歡迎大家來參加宗博館慶，一同為宗博館十七週年

慶生。靈鷲山在臺灣持續進行偏鄉教育，到現在在緬甸成立沙彌學院，希望透過教育，將了解、珍惜、奉獻生命的真諦從小扎根。讓我們從『心』做起，讓靈性覺醒，共振愛地球的運動，讓地球平安、人類永續生存。」

宗博館也特別安排「二〇一八尊勝會榮董手印典禮」，感謝長期護持世界宗教博物館的護持者。會後，心道法師接待迪達古長老及貴賓們參觀宗博館常設展以及本期「深河遠流──南傳佛教文化特展」。

↑ 心道法師親自為緬甸迪達古長老導覽「深河遠流──南傳佛教文化特展」。

隔天，迪達古長老特別前往靈鷲山上院無生道場與下院聖山寺參訪，全程由緬甸聯邦共和國駐臺北貿易辦事處代表明佑特夫婦陪同，顯示出迪達古長老對此行的重視。

↑ 心道法師親自接待迪達古長老參訪靈鷲山。

迪達古長老表示心道法師就像是他的「弟弟」，兩個人有許多相同的生命經驗，也認同和平要從本身做起，才能達到世界、宇宙和平。迪達古長老特別感謝心道法師對緬甸這片土地的慈悲心，希望雙方像兄弟一樣，互助合作，也承諾支持生命和平大學計劃的發展。

南傳佛教文化特展
沿著深河遠流 走向南傳文化

↑精選由遠光法師在創館初期所捐贈近百件來自緬甸、泰國、柬埔寨等國家的南傳佛教文物。

　　世界宗教博物館展出「深河遠流——南傳佛教文化特展」，精選由遠光法師在創館初期所捐贈近百件來自緬甸、泰國、柬埔寨等國家的南傳佛教文物，透過這些文物帶領參觀民眾沿著深河遠流，走向南傳佛教文化的璀璨藝術。

　　遠光法師是靈鷲山開山大和尚心道法師學佛修行路上重要的良師益友，兩人道情超過四十年。遠光法師十九歲出家，年長心道法師八歲，是引領心道法師學習佛法、四處參訪高僧大德的道友，早期曾提供士林外雙溪老家的蘭花房供心道法師閉關。後來遠光法師前往菲律賓弘法三十餘年，對於心道法師籌建世界宗教博物館非常地支持，於世界宗教博物館開館初期捐贈其所收集珍藏的南傳上座部佛教文物予世界宗教博物館，促成此次展覽的緣起。

佛教起源於印度，如同恆河般滋潤印度大地，也如同河水融入不同地區滋潤當地的文化信仰，有流向黃河、長江的漢傳佛教；向北傳至西藏地區的藏傳佛教；以及沿著伊洛瓦底江、昭披耶河（湄南河）、湄公河傳入緬甸、泰國、柬埔寨、寮國等中南半島地區的南傳上座部佛教。

南傳上座部佛教系統主要以禪修傳統及古典經院傳統為主，對於經典、教理制度的學習系統相當嚴謹。在佛像藝術的風格與塑像皆以釋迦牟尼佛為主，其次是僧侶及器物等。

↑緬甸民間鬼神「美溫那」，為最著名的地方神靈之一。

本次特展由入口處的動態傳播地圖開啟，讓參觀民眾駕駛帆船沿著河流，了解南傳佛教的文化歷史地圖。從佛教史重要根據地的緬甸蒲甘王朝開始，到王朝沒落後，北方撣族興起時期，再到貢榜王朝帶領的曼德勒時期，乃至於泰國、柬埔寨的佛像藝術，以及緬甸民間的納特神靈信仰。參觀者跟隨著恆河、伊洛瓦底江、昭披耶河、瀾滄江、湄公河等流域地圖，探訪在此地流傳的佛教文化與文明古國。

「深河遠流——南傳佛教文化特展」教育活動

故事	
2018/11/10 2018/11/24	東南亞文化體驗 —— 親子聽故事 主講人：奇幻精靈、社團法人中華民國南洋臺灣姊妹會講師
工作坊	
2018/11/18	東南亞節慶文化 —— 泰國水燈DIY 主講人：社團法人中華民國南洋臺灣姊妹會講師
2019/01/05	南洋寶盒輕黏土拼貼創作 主講人：林明芬（中國國際手作生活美學推廣協會認證師資）
走讀導覽	
2019/01/13 2019/02/24 2019/03/10 2019/04/21	南傳文化特展 ＋ 緬甸佛寺巡禮 主講人：楊萬利（緬甸街導覽員）＋ 宗博館導覽專員
講座	
2018/12/16	緬甸歷史與佛教美術初探 主講人：李孟學（臺灣師範大學美術系博士班）
2018/12/30	與天相應 —— 中南半島宗教文化地景 主講人：張蘊之（東南亞文化資產與觀光講師）
2019/02/16	每個人都有義務成為暗夜中的火光 主講人：張正（燦爛時光：東南亞主題書店創辦人）

種下生命圓滿的因緣
證得不生不滅的生命

↑禮請心道法師與緬甸仰光全國上座部佛教巴利大學校長鳩摩羅尊者、教務主任 Ashin Therasabha 等為戒子們尊證。

　　靈鷲山於緬甸仰光大善園寺國際禪修中心舉辦「第六屆南傳短期出家修道會」及「第二屆女眾南傳短期出家修道會」，禮請靈鷲山開山大和尚心道法師與緬甸仰光全國上座部佛教巴利大學校長鳩摩羅尊者（Bhaddanta Kumara）、教務主任Ashin Therasabha為戒子們尊證，讓戒子們藉著出家功德，體驗出家的清淨、安定與自在生活。

　　緬甸保留佛陀時期原始的佛教文化，藉由短期出家的殊勝功德，讓忙碌的現代人有機會暫時捨棄俗務，體驗清淨安定的出家生活。在經過傳統儀式化妝、剃度、受戒後，戒子們赤腳到街上托缽化緣，沿途接受信眾供養物資，體驗南傳佛教的出家修行生活。參加靈鷲山短期出家修道會的條件，規定必須為十八歲以上、六十歲以下對佛法具有正知正見的信眾，男眾必須削髮受沙彌戒；女眾亦剃

髮領受八關齋戒。在八天七夜的修道會中，以傳統的佛陀法教，體驗僧團的生活與體制。

今年受戒戒子成員來自臺灣、馬來西亞、新加坡、中國大陸等地，共七十四位戒子參加短期出家。戒子成員間彼此也多因緣甚深，如夫妻檔、兄弟檔、講堂共修好姊妹等，每一位戒子學佛路上都非常精進、道心也相當堅固。

↑心道法師為短期出家戒子們開示。

心道法師在戒子們剃度後慈悲開示：「生命是一個記憶體，而出家是生命裡最難能可貴的種子，如果沒有這個種子，我們就無法走向生命圓滿的境界，為了這個因，所以大家要珍惜這個難得的因緣，更要好好的遵守戒律，雖然只有短短幾天，也能夠產生一股『佛流』，勉勵大家要努力精進，也珍惜這個難得的因緣。」

在離開仰光的前一晚，心道法師特別抽空與今年才遷入仰光大善園寺學習的果敢族小沙彌見面，期勉他們要繼續用功讀書、精進修行，未來才能夠與師父全球跑透透，做一個承擔如來家業的佛子。

↑心道法師與「第二屆女眾南傳短期出家修道會」戒子們合影。

結合臺灣口腔照護協會與長庚國際志工團

專業能量 造福緬甸偏鄉民眾

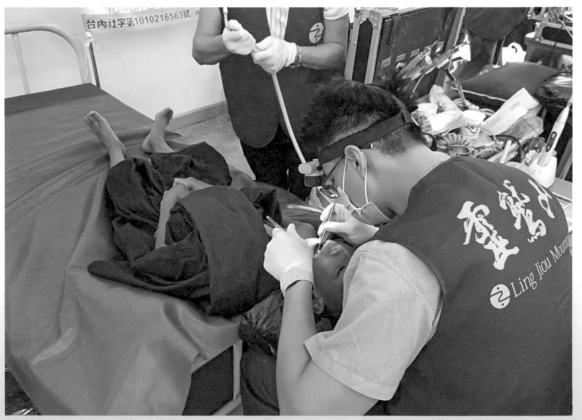

↑臺灣口腔照護協會前往靈鷲山緬甸臘戌弄曼沙彌學院為小沙彌進行口腔醫療與健檢。

靈鷲山慈善基金會在二〇一八年展開兩次緬甸義診活動，分別為五月與臺灣口腔照護協會（Taiwan Oral Care Association, TOCA）合作的牙醫醫療義診團，以及十一月與長庚國際志工團合作的醫療義診服務。

今年五月，靈鷲山慈善基金會與臺灣口腔照護協會繼二〇一七年再度合作，於緬甸臘戌弄曼沙彌學院、臘戌社會福利館為偏鄉民眾進行牙醫義診。

臺灣口腔照護協會是來自全臺各地具備口腔衛生專業能力的醫師與護理師

所組成的組織，此次出動六位專業醫師、十位護理師及四位行政志工，為沙彌學院的師生以及偏鄉民眾進行口腔義診、口腔保健、宣導衛生以及進行種子教師培訓、實作課程。

牙醫醫療義診團此行總計為十四位當地口腔保健種子教師進行培訓課程，也為近千人完成口腔義診治療；以及七百多位師生、民眾進行口腔衛教宣導課程，並將帶來的牙線、牙刷等器材全數捐贈給沙彌學院。

十一月，靈鷲山慈善基金會與長庚國際志工團持續第三年合作，此行長庚國際醫療志工團總共派出醫生、護理師及志工學生計二十一人展開醫療義診服務，首先於臘戌的Sate Ta Thu Kha Monastic Free School為比丘、沙彌、師生及當地近五百位民眾看診。在下課後的時間，分別教導沙彌及小學生洗手衛教課程，同時贈送特製的緬文版衛教文件夾，為維護

↑ 靈鷲山慈善基金會與長庚國際志工團合作於緬甸臘戌偏鄉地區為當地居民義診。

孩子們的健康盡一分心力。接著團隊轉往臘戌社會福利會（Social Welfare Association, Lashio）為貧苦民眾服務，期間計三百多位民眾獲得治療。志工團的護理師在民眾候診時，教導民眾健康保健的常識，以舒緩他們日常勞動工作所產生的疼痛。之後志工團先後前往弄曼大善園寺與仰光大善園寺，探視沙彌學院的學生，並教導正確的洗手方法與防治登革熱觀念。

此次義診活動，臘戌社會福利會特別組織志工參與服務，當地華文明德總校則選派多位學生協助翻譯工作。在當地與醫療團攜手合作下，造福更多需要協助的民眾。

靈鷲山慈善基金會與長庚國際志工團隊自二〇一六年開始合作，三年來義診團持續前往緬甸照護沙彌的健康，這次除了為幾位生病的沙彌看診，也協助了解學院新聘護理人員照護沙彌的做法，並給予適當的改進建議。

香港觀音百供祈福法會
觀音慈心 普照大眾

↑心道法師親自頒發願力證書，感念護法善信一年來的努力。

靈鷲山香港佛學會於香港尖沙咀街坊福利會舉辦「觀音百供祈福法會」，由心道法師親自主法，法會現場準備供品布施供養十方諸佛、六道眾生，在功德主虔誠獻供下，場面感人攝受。

這是香港佛學會自二○○一年成立以來，所主辦的第一場大型法會，現場總共湧入八百名信眾，場面十分殊勝。香港地區信眾在見到心道法師時，滿心歡喜，並把握時機向師請法，心道法師見到大眾誠心求法，也承諾以後每年都要來到香港傳法。香港佛學會執事妙行法師表示這一切都要感謝志工們到法會幫忙場佈、張羅大小事宜，加上所有功德主的護持，才能圓滿這一場盛大的法會。

心道法師為大眾開示：「在這個多災多難的世界中，隨時隨地都有天災人禍，而我們要如何在輪迴的生命裡，去避免這些災難而得到庇佑跟保護？就是祈求觀音菩薩。觀音菩薩聞聲救苦，只要發出對觀音菩薩的祈求，祂就會千處祈求千處現，是我們在苦難時可以依靠的對象。」

↑心道法師蒞臨香港主法「觀音百供祈福法會」。

馬來西亞漢傳短期出家淨戒會
持守清淨戒 證未來成佛因

↑ 心道法師為短期出家戒子剃髮，象徵誓修一切善、誓斷一切惡以及誓度一切眾，傳承佛法使命。

靈鷲山於馬來西亞吉隆坡雲頂清水岩舉辦「短期出家淨戒會」，這是靈鷲山首次於海外舉辦大乘儀軌短期出家淨戒會。

此次短期出家淨戒會恭請靈鷲山開山大和尚心道法師為得戒和尚，中國大陸聞諦法師為羯磨和尚，臺灣妙法寺大雲法師為教授和尚。在嚴謹的儀軌下，共計有一百〇四位戒子參與，禮請三師為戒子們正授戒法，讓戒子們感受戒法的殊勝。

從戒子走進戒場那一刻，讓自己身心靈都進入佛法中。每天早上從七點開始，進行嚴謹的傳戒儀軌，從過堂、佛事、誦經、朝山以及威儀律行課程中，察覺自己的每個起心動念。每日課程圓滿前，引禮、引贊師都會與戒子聚會，聆聽戒子分享自己難得的生命體會。

↑ 靈鷲山法師率領戒子們於馬來西亞吉隆坡雲頂清水岩朝山。

心道法師勉勵戒子們：「戒法不僅讓我們感到清淨、安定、舒服，也能夠止惡行善，不觸犯煩惱。而出家受戒最重要就是能夠續佛慧命、護持三寶，並傳承佛陀甚深安定解脫的法教。大家今天種下出家修行的因，能夠證悟、成佛的因，在未來絕對會有好的成果。」

↑ 靈鷲山於馬來西亞吉隆坡雲頂清水岩舉辦「短期出家淨戒會」。

拾貳月

December

緬甸朝聖供僧大法會
清淨供養三寶 累積福慧資糧

↑靈鷲山舉辦「第十七屆緬甸供萬僧法會」。

每一年歲末，心道法師皆會帶領信眾朝聖團隊，前往緬甸舉辦朝聖供僧，今年是「第十七屆緬甸供萬僧法會」，帶領大眾供養佛、法、僧三寶，累積福德資糧。

心道法師長期深耕緬甸，致力慈善救護與佛學教育，於緬甸臘戌設立弄曼沙彌學院培養僧才，年年舉辦供萬僧法會，相當受到緬甸政府的肯定，在此趟供僧行程中，也獲緬甸宗教部官方諸多協助。

今年首次於佛教文明古城勃固省瑞摩多佛塔進行供僧，當天有五千位比丘一起接受供養，堪稱勃固省有史以來最大的供僧活動。緬甸國家僧伽委員會主席鳩

摩羅毗文沙尊者（Bhaddanta Kumara Bhivamsa）領導的中央僧伽長老及眾賢聖僧，亦來此受供。在七號晚間，朝聖團的成員們一起到仰光大金塔下點燈、繞塔。最後一站，抵達佛教史上第六次經典結集的世界和平大石窟舉行供僧法會，現場供養一千五百位僧眾。緬甸國家僧伽委員會主席鳩摩羅毗文沙尊者與各委員，以及來自各地的僧伽長老賢聖僧們也前來受供。

心道法師為大眾開示：「連續十七年舉辦供僧法會不容易，要找到一萬位僧眾來供養更是困難。僧伽大眾代表佛陀的法教與身教，故而，僧寶是一切世間應供養、恭敬、修福的無上福田。清淨的供養，能令行者當下遠離煩惱，除去障垢，得清淨心，也因此生生世世與三寶結下清淨的善緣，功德無量無邊。」

↑ 心道法師帶領朝聖團團員於緬甸仰光大金塔下點燈祈福。

↑ 靈鷲山於佛教第六次經典結集的世界和平大石窟舉行供僧法會。

泰國觀音百供法會
學習觀音慈悲 利樂一切眾生

↑心道法師蒞臨泰國主法「歲末迎新二〇一九觀音百供消災祈福法會」。

靈鷲山泰國禪修中心於泰國中華會館啟建「歲末迎新二〇一九觀音百供消災祈福法會」，恭請心道法師蒞臨主法，為祈求來年消災解厄、富貴平安。

靈鷲山泰國禪修中心特地在年前舉辦觀音百供法會，讓信眾跟觀音菩薩所有的眷屬、龍天護法，以及十方諸佛菩薩同在一起共修，藉由這場觀音百供法會讓所有與會大眾能具足善緣，處處如意吉祥。百供法會顧名思義就是將每一種供品準備一百份布施供養，上供十方諸佛、下施六道群靈，藉此與觀音菩薩的慈悲連結，讓輪迴在苦海的眾生離苦得樂。會後泰國禪修中心特別舉辦歲末感恩餐會，感謝一年以來每一場活動中，善信的發心奉獻。

心道法師於法會圓滿後向大眾開示：「今天能夠有這個善緣跟觀音菩薩結上法緣，非常難得，所以我們不只要跟觀音菩薩結今生的緣，而是要生生世世與觀音菩薩不可分割。我們更要依持佛的法教來離苦，讓我們每個心念都是善業，今生有善緣，來生才有好福氣。」

↑與毗盧觀音一同共修，願善緣具足，處處如意吉祥。

年度
報導

僧眾安居精進閉關
以禪修找回空性的力量

↑心道法師帶領僧眾從禪修中，去體悟微細的心念，檢視自己的內心，找回本來面目。

靈鷲山在三月、九月以及十二月分別舉辦「僧眾精進閉關」與「二〇一八年華嚴法會」，期許每一次閉關都能讓全體僧眾斷除外緣，勇猛精進，收攝反省，向內淨化，以嶄新的能量接引更多善緣。

今年三月四日起至三月三十一日，為僧眾春安居精進二十八閉關，九月三日至九月十二日為僧眾精進禪十閉關；十二月二十一日到二〇一九年一月六日則為華嚴法會。

心道法師以禪引領僧俗弟子，尋找最初的涅槃妙心，走回心的歸路。從禪修中體悟微細的心念，檢視自己的內心，去觀察、突破，找回本來面目。心道法師

也期許僧眾法師對外弘法時，要繼續把佛陀的法教傳承下去，為眾生解決問題，找到生命的答案。

年底的靈鷲山華嚴法會於下院聖山寺善法大樓啟建，由靈鷲山常住法師引領全體信眾共同持誦《大方廣佛華嚴經》，全程為期十七天。法會期間，在下院聖山寺金佛殿亦舉辦兩場「華嚴經柱裝臟大典」，邀請海內外護持聖山建設的功德主前來，親自將刻有功德主姓名的銘版投入華嚴經柱中，也感謝善信的供養，讓佛法永住，弘法利生。

心道法師於春安居閉關時開示：「禪修觀照自心是不能間斷的，在生活中我們要利用覺察力去覺醒、安住。修行就是去除雜質的過程，鍛鍊我們的覺察力，讓我們到達空性。當我們熟悉空性、證得空性後，也就不會受到輪迴的干擾。能夠慈悲眾生，利樂所有與我們有緣的人，得到空性的快樂。」

↑ 僧眾於春安居精進閉關。

靈鷲山四期教育課程
觀照解脫 回歸本來

↑禮請緬甸仰光全國上座部佛教巴利大學校長鳩摩羅尊者為全體僧眾講授南傳課程。

　　靈鷲山心道法師為培育僧信二眾，特別指導靈鷲山三乘佛學院與研究員將佛陀一生說法演教的經典法要，與自身十多年的塚間苦修、禪修實修做結合，統整編輯成四期教育教材。從三乘佛學院、各區會講堂的長期課程，延續到世界各地的四期教育營隊，成為靈鷲山全體的生命實踐學。

　　今年的僧眾課程，三乘佛學院持續推動四期教育課程，並安排四期教育的講師培訓課程。在四月時，邀請到藏傳佛教寧瑪噶陀派傳承及印度德拉敦地區寧瑪大寺敏卓林佛學院院長堪祖拉尊仁波切昆秋韋瑟教授「中觀專題：《中觀莊嚴論釋》」。五月，則再次禮請緬甸仰光全國上座部佛教巴利大學校長鳩摩羅尊者（Bhaddanta Kumara）及教務主任Ashin Therasabha為全體僧眾講授「南傳僧伽律

儀」、《攝阿毗達摩義論》、《大念處經》。十二月，邀請寧瑪與竹巴噶舉成就持有者措尼仁波切來山講授「大圓滿專題」。期間也特別邀請到國立臺灣師範大學環境教育研究所葉欣誠所長主講「環保專題講座」，讓僧眾了解環境問題起源，以及社會環境問題的各種不同面向。

在信眾的課程安排，慧命成長學院於全臺講堂開設四期教育課程，包括「阿含期初階課程——初轉之法」、「阿含期進階課程——無我之道」、「四期教育專題課程——生命關懷」。在十二月特別禮請到緬甸國家持二藏比丘師利甘闍那（Thiri Kinsana）來臺，於世界宗教博物館生命和平多元空間教授南傳「經教」和「禪法」，安排離苦之道、《吉祥經》、《慈經》、四種當代上座部禪法、安那般那念、經行等課程。另，為讓海內外信眾能夠共同領受心道法師的四期教育法教，今年也前往中國、泰國及馬來西亞等地開設四期教育營隊，讓大眾都能夠學習總本山規劃的成佛教育之路。

↑ 靈鷲山常住法師為信眾講授「四期教育專題課程——生命關懷」課程。

二〇一八年度僧眾四期教育課程

日期	活動名稱	地點
01/22 ～ 01/23 01/29、02/05	般若專題：《大佛頂首楞嚴經》—— 〈觀世音菩薩耳根圓通章〉	上院華藏海大講堂
03/04	一〇六（下）三乘佛學院初修部 開學典禮	上院等覺教室
03/31 ～ 04/01	四期教育：阿含初階課程 「初轉之法」海外師資培訓	上院妙覺教室
04/02、05/07	藏傳專題：《功德藏》	上院華藏海大講堂
04/10 ～ 05/22 （每週二）	中觀專題：《中觀莊嚴論釋》	上院妙覺教室
04/12 ～ 07/12 （每週四）	般若專題：《大佛頂首楞嚴經》	上院妙覺教室
04/18、05/16 07/16、09/19	四期教育：阿含期初階課程 「初轉之法」儲備師資培訓	上院妙覺教室
05/28 ～ 06/20 （每週一、二、三）	南傳專題：「南傳僧伽律儀」、 《攝阿毗達摩義論》、《大念處經》	上院華藏海大講堂/ 等覺教室
08/27	環保專題講座	上院華藏海大講堂
09/17 ～ 09/18	四期教育專題課程——生命關懷	上院華藏海大講堂
09/27 ～ 12/13 （每週四）	般若專題：《大佛頂首楞嚴經》	上院妙覺教室
10/01	四期教育專題課程——生命關懷	上院華藏海大講堂
10/22 ～ 12/17 （每週一）	藏傳專題：《功德藏》	上院華藏海大講堂
10/23 ～ 12/11 （每週二）	中觀專題：《中觀莊嚴論釋》	上院妙覺教室
10/24、11/14	四期教育：阿含期初階課程 「初轉之法」儲備師資培訓	上院妙覺教室
12/17 ～ 12/19	大圓滿專題	上院華藏海圓通寶殿
2018/12/21 ～ 2019/01/06	華嚴法會	下院聖山寺善法大樓

二〇一八年度信眾四期教育課程

日期	活動名稱	地點
01/11 ～ 02/01 （每週四，共四堂）	阿含期進階課程「無我之道」	全臺講堂
02/25 ～ 02/27	阿含期進階課程 「無我之道」（教育院同仁）	上院華藏海大講堂
04/13 ～ 04/15	阿含期初階課程「初轉之法」	中國鄭州照見山居
06/15 ～ 06/17	阿含期初階課程「初轉之法」	馬來西亞柔佛中心
06/15 ～ 06/17	阿含期進階課程「無我之道」	馬來西亞柔佛中心
06/29 ～ 07/01	阿含期初階課程「初轉之法」	泰國曼谷
07/06 ～ 07/08	阿含期進階課程 「無我之道」（榮董）	苗栗巧克力雲莊
07/20 ～ 07/22	阿含期進階課程「無我之道」	中國北京沐合苑
10/18 ～ 12/06 （共六堂）	四期教育專題課程——生命關懷	總本山上下院、全臺講堂
11/11、11/13 ～ 18	南傳佛教居士課程	宗博館生命和平多元空間

靈鷲山平安禪
心和平 世界就和平

↑學員於上院華藏海圓通寶殿體驗禪修功法。

　　平安禪為心道法師早年塚間實修的體驗歸納，是靈鷲山推廣的禪修法門，更是每一位靈鷲人的日常功課。

　　靈鷲山無生道場定期舉辦平安禪修課程，在禪修過程中，禪修學員遵守基礎的戒律，以教法為主，精進的練習，全程保持禁語，體驗身心的靜默，深入禪法的滋養。

　　除了無生道場的固定梯次外，各區會講堂也定期開設平安禪課程，不論是初學者或是老參，都能在各區講堂，養成禪修的習慣，藉由心道法師的平安禪法，讓內心獲得寧靜。

↑靈鷲山無生道場舉辦平安禪課程。

今年十一月心道法師受邀前往加拿大多倫多參加世界宗教大會,並於大會開幕儀式中,帶領不同宗教信仰的與會貴賓體驗一分鐘平安禪。從年初一月開始,就陸續前往德國、奧地利、美國、中國、韓國、泰國、馬來西亞及新加坡等地教授平安禪修。心道法師親自教授禪修學員透過平安禪四步驟,從調身、調息入手,漸次進入調心。在每一次的實地示範指導下,讓學員身心放鬆,掌握攝心之法。藉以培養正確的禪修知見與人生觀,享受自在光明的生命。

另外,靈鷲山無生道場也定期舉辦禪法工培訓招募課程,希望吸引曾經體驗過禪修課程的學員,前來擔任護關的志工,透過利他利己,藉由禪修,共同實踐「心和平,世界就和平。」

二〇一八年靈鷲山無生道場年度平安禪活動表

日期	梯次名稱
01/19 ～ 01/21	進階禪三
02/02 ～ 02/04	基礎禪三
04/01 ～ 04/21	精進禪二十一
05/25 ～ 05/27	基礎禪三（搭配有機蔬果汁斷食）
06/15 ～ 06/17	進階禪三
07/13 ～ 07/22	進階禪十（搭配有機蔬果汁斷食）
08/03 ～ 08/05	基礎禪三
08/18 ～ 08/20	基礎禪三（搭配有機蔬果汁斷食）
09/28 ～ 09/30	進階禪三（搭配有機蔬果汁斷食）
10/07 ～ 10/13	進階禪七

二〇一八年平安禪教育推廣

課程主題	日期	名稱	地點
平安禪修課程	01 ～ 12 月	一日禪	全臺講堂
	04/12 ～ 05/31	平安禪基礎班（共八堂）	全臺講堂
	04/12 ～ 05/31	平安禪進階班（共八堂）	全臺講堂
	07/07 ～ 07/28	平安禪基礎班（密集班，共四堂）	桃園講堂
戶外旅行禪	10/26 ～ 10/28	臺東旅行禪（共三日）	臺東東河部落
國際禪修	01/20 ～ 01/21	平安禪基礎班（密集班，共二堂）	泰國禪修中心
	04/20 ～ 04/22	平安禪三	中國無錫靈山精舍
	04/24	半日禪	中國福州
	05/27 ～ 06/02	平安禪七	奧地利賴歐爾斯貝格修道院
	06/03 ～ 06/08	平安禪六	德國慕尼黑本篤禪修中心
	06/15 ～ 06/17	平安禪三	新加坡樟宜灣酒店
	06/17	平安禪基礎班	泰國禪修中心
	06/30	千人平安禪	馬來西亞檳城植物公園
	07/02 ～ 07/04	平安禪三	靈鷲山吉隆坡中心
	07/21 ～ 07/22	平安禪二（密集班）	泰國禪修中心
	10/14 ～ 10/16	第五屆世界禪修大會	韓國江原道
禪法工培訓	01 ～ 12 月	禪法工培訓	靈鷲山無生道場

人間觀音 和平行願
啟動慈悲喜捨的願力

靈鷲山護法會成立於一九九〇年，二十餘年來，護法善信以弘揚佛法、利益眾生為志業，跟隨心道法師，護持靈鷲山的各項活動。靈鷲山的開展，依靠著僧眾與護法會每一位成員的願力而成，讓靈鷲山弘法志業持續發展茁壯，也讓佛陀的如來家業代代傳承。

↑心道法師期勉受獎的佛法大使將善種子持續散播，讓願力永續。

今年，靈鷲山護法會為延續心道法師的法教，從四期教育課程，到委員幹部的「四季幹部成長營」，再到訓練儲備委員的「儲委精進營」、「授證委員精進營」，以及藉由各區會定期舉辦的禪修課程及〈大悲咒〉共修等活動，讓每一位護法信眾與佛法相連，把佛法融入生活，持續耕耘善業的福田，累積成佛的福慧資糧。今年一月靈鷲山護法會特別舉辦「弄曼參學團」，邀請護法會委員、信眾前往靈鷲山緬甸弄曼大善園寺參學，瞭解靈鷲山在緬甸弄曼開設的沙彌學院成果以及綠色有機經濟等相關建設與發展。

心道法師於新春護法會全國委員歲末感恩聯誼會中為大眾開示：「靈鷲山是一個大家庭，大家有好的緣起能夠聚在一起，讓我們的願力持續、永續的推動，就是因為我們身為靈鷲山的委員，有使命、目標、願力，要讓這個世界更美好。我們要把自己的生命活的更有價值，把我們的愛擴大，讓每一個地方都成為我們的互聯網，進而把善業連結到國際。」

↑靈鷲山護法會各區執行長與眾委員共同念誦祈願文。 ↑靈鷲山護法會舉辦委員共識成長營。

二〇一八年護法會培訓課程系列活動表

日期	活動名稱	地點
01/27	全國委員歲末感恩聯誼會	下院聖山寺善法大樓
01/28 ～ 02/03	弄曼參學團	緬甸弄曼
02/24 ～ 02/25	春季成長營	上院華藏海大講堂
03/10、03/11	授證委員精進營	新北分院、臺南分院
03/31、04/01	儲委精進營（第一堂課）	新北分院、高屏講堂
04/07 ～ 04/08	夏季成長營暨新科委員授證大會	上院華藏海、下院聖山寺
06/02、06/03、06/09	委員成長營	下院聖山寺善法大樓
06/10	委員成長營	臺南分院
09/15 ～ 09/16	秋季成長營	下院聖山寺善法大樓
11/24 ～ 11/25	冬季成長營	下院聖山寺善法大樓

靈鷲山護法會
全國委員感恩聯誼一師父開示
在生活中知覺空性 找回不生不滅的心

↑ 心道法師於靈鷲山護法會全國委員感恩聯誼會為大眾開示。

　　各位護法會的副總會長、執行長，各區的執事法師及委員，感恩大家在每年的這個時候，抽出珍貴的時間跟師父相聚。

　　靈鷲山是一個非常溫馨的團隊，在大家的凝聚力跟團結支持下，我們共同的願力才能夠持續並永續下去。身為靈鷲山的委員，是擁有使命及目標的，為了讓生命更具有價值、讓世界更美好，我們所做的每一件事，都要從快樂、付出及關懷的角度去做，就像對待自己的家庭一樣，把小愛擴大成大愛，讓世界每一個地方都成為我們互聯網涵蓋的範圍。

　　因為世界宗教博物館的關係，師父常與國際間進行宗教交流的合作，我在想，如果靈鷲山能成為一個國際的品牌，那麼我們的願力、善業，就能與國際產生更多的連結共鳴，也讓「愛地球・愛和平」的理念更能與國際接軌。而實踐這個理念的生命和平大學正是靈鷲山現今重要的目標，所以我們要成為愛地球的委員、會員，讓世界各地都能看見，進而一同響應與推廣，讓地球永續、人類永續。

　　大家此生能夠成為人、還能聽聞佛法是非常難得的。我們要充分利用生命，精進學習，讓生命更豐富、圓滿、平安。透過學佛讓我們找到快樂，學習正確的觀念，也就是學習找到空性。我們在物質的生活中，不斷的輪迴，不管是善業、惡業，都在輪迴，輪迴就是生命的束縛。所以我們要學習觀察空性，才能夠得到解脫，若看不到空性，生命就會在物質生活中被埋沒。

　　所以學佛就是學習空性，觀照空性就叫做修行。大家身為師父的徒弟，有沒有好好在這裡用心？大家平時忙東忙西，沒有時間、也沒有習慣禪修。學禪不一定要怎麼坐，像現在這樣坐著也是一種禪。但是回到山上禪堂就要盤腿、要練習，大家熟練方法之後，就是在平時也能觀照空性。

　　觀世音菩薩教我們最方便、最快脫離輪迴的就是〈大悲咒〉。觀音菩薩的願力，就是讓我們都能學佛，而學佛的目的就是解脫。大家要知道，自己的知覺就是佛；但知覺錯了就不是佛，就會跑到輪迴那裡去，跟貪瞋癡沾黏在一起，生生世世無緣無故就死去，死去又來出生，輪迴不停。所以學佛第一件事，就是要把因種好，從每一個念頭開始做，養成好習慣，這樣不管未來怎麼輪迴都會獲利無窮。

　　修行是需要時間來磨，在這過程中，我們要找一個東西來拴住自己，那就是〈大悲咒〉。大家要經常回山接受薰陶，讓我們善業的根，也就是菩提心的種子種到每個地方，也都能發芽、成長。菩提心就是能夠圓滿一切的條件，也就是如意寶。當我們以菩提心為大家服務的時候，就是覺他和利他。所以我們要讓每一位來山的信眾，跟我們之間產生善業的互聯網，在這個互聯網裡面都是奉獻、服務，還有覺醒，也就是正知正見。那麼我們在因果輪迴裡，都是正因正果，永遠都是善業。

　　當我們在輪迴、因果之間有了正確的認識，就知道要把因做好，秉持正見，也就是空性的智慧、空性的知覺，我們的心就不會去執著。而知覺空性就是要隨時

觀照，每一個念頭都要觀照，這世間沒有一個東西會長久，諸行無常、諸法無我、諸受是苦。所有事情都是苦的循環，而法就在空性，因緣所生法一切都是空。

我們平時要把空的知覺，用在放不下的地方、看不開的地方，譬如覺得自己窮、賺不到錢的時候要去觀照，賺到錢的時候也要觀照，那就是知覺空性。修行就是隨時隨地的知覺空性。所以，大家想要大富大貴要怎麼做？就是要種好因，才能得好果。富貴是從善緣來的，我們把善的種子種好，每一個念頭都利他，就會有善緣、有富貴，而且當我們這個菩提心一直發下去，就會生生世世與佛菩薩連結在一起。

菩提心是利他成佛的心，當時師父在創辦世界宗教博物館的時候，那時大部分的護持者都還不是學佛的，在跟師父結下善緣後，就通通都變成佛教徒。那現在推動的生命和平大學也一樣，我們要把這份願力種的大一點、廣一點。而我們的產品就是空性跟菩提心，空性是自己要受用，菩提心是讓別人受用。我們就是一個愛地球的公司，你們每一個人都是股東，大家一起努力來推廣這個產品。利用自利、利他，四給的服務技巧，讓大家都願意接受我們的產品。

我們整年度的活動，都是要讓大家與靈鷲山有連結，像朝山就是和師父連結、跟靈鷲山連結。或許靈鷲山對新緣來說是很陌生的，那麼我們可以安排遊覽車，鼓勵大家來朝山、來走一走。靈鷲山是一個觀音菩薩的道場，大家只要在聖地誠心祈求，都能夠事事如願。我們有信心、加上觀音菩薩的法門，吸引大家來山學習，進來了不拜都沒關係，來走一走，看看師父，讓師父給他們開示、開示，這樣也很好。

我們除了朝山、持〈大悲咒〉，再來就是要禪修。平時大家回到山上禪坐，學習觀照空性，讓心回家，這就叫禪修。我們每一個人都有正見，就是我們的心，也就是涅槃妙心。這個正見藏在現象裡面，藏在無形裡面、沒有形狀裡面，也藏在有形有相裡面，都找不到，所以佛說正法眼藏是埋藏在有無裡面，涅槃妙心就是不生滅的心，存在有形、無形裡面。而心是什麼？心就是知覺，我們要把知覺學好，知覺就藏在無形無相裡面。

大家要常常回來坐禪，在師父的引導下坐，用對方法來找到自己的心，讓它不迷惑。最後，希望大家能夠自自在在的做靈鷲山的委員、會員，自在的弘法、自在的學佛，開心的做一個靈鷲人。謝謝大家。

榮董護持靈鷲山志業
法上增益 精進佛道

↑靈鷲山榮譽董事會舉辦新科榮董授證大會暨全球榮董聯誼會。

　　靈鷲山榮譽董事會成員來自社會各行各業，其中有來自跨國企業的董事主管，也有自平凡家庭出生的市井小民。大家共同的目的，就是護持心道法師、護持靈鷲山各項志業的開展，並協助推廣教育及各項護法活動，以實際行動來實踐心道法師「愛地球・愛和平」的理念。

　　靈鷲山榮譽董事會自一九九五年舉辦首場榮董授證典禮，隔年在臺北市世貿大樓舉辦「第一屆榮董聯誼會成立大會」，靈鷲山榮譽董事會至今已陪伴靈鷲山走過二十三個年頭。靈鷲山自開山以來，經歷各項志業的建設與活動發展，榮譽董事會成員總是先行拋磚引玉、大力護持。從最初的世界宗教博物館一直到現在的緬甸生命和平大學，依然持續護持與推動。

　　靈鷲山榮譽董事會成員除了護持靈鷲山外，對佛法的學習也精進不退轉。今年榮譽董事會為全球榮董們精心安排「四期教育」的佛法課程，七月時於苗栗巧克力雲莊舉辦「榮董快樂大學習——阿含期體驗營」，透過佛法的學習瞭解生命，傳承心道法師愛與和平的思想，也帶全家人共同來學習，成為佛化家庭。

在四月時，靈鷲山榮董會舉辦一場「榮董禪宗祖庭朝聖行」，帶領榮董們親自走過四川峨嵋山普賢道場、雲南雞足山等禪宗祖庭，更深入佛陀的悲智願行，雖然身在不同時空，亦能感受到聖地殊勝的洗禮。而為了推動各區會榮董發展，也特別舉辦「春慈聯會」、「秋禪聯會」，讓各區會榮譽董事會幹部之間能互相交流，實踐年度目標。

靈鷲山榮譽董事會今年也舉辦了數場的榮董聯誼會，主要的有十月中在下院聖山寺善法大樓舉辦「二〇一八新科榮董授證大會暨全球榮董聯誼會」，以及在靈鷲山水陸空大法會、華嚴法會期間，舉辦的「水陸聯誼會」、「華嚴捻香祈福」，讓榮董法上增益，精進佛道。

↑各區會榮譽董事會成員透過新科榮董授證大會相互交流。

二〇一八年榮董年度課程系列活動表

日期	活動名稱	地點
02/18	榮董新春團拜與師有約	上院華藏海大講堂
04/01	榮董春慈聯會	臺北美福大飯店
04/21〜04/29	榮董禪宗祖庭朝聖行	中國四川、雲南
07/06〜07/08	榮董快樂大學習──阿含期體驗營（進階）	苗栗巧克力雲莊
08/12	榮譽董事聯誼會	桃園水陸空大法會
09/01	榮董秋禪聯會	上院聞喜堂財寶宮殿
10/13	二〇一八新科榮董授證大會暨全球榮董聯誼會	下院聖山寺善法大樓
12/23、12/30	榮董華嚴捻香祈福	下院聖山寺善法大樓

慧命成長學院課程
接引眾生學習佛法 成就佛道

↑靈鷲山慧命成長學院於上院文化走廊舉辦平安茶館新春活動。

　　靈鷲山慧命成長學院負責執行全山、各地講堂及國內外的教育課程與推廣，以心道法師法教的四期教育作為主軸，為善信指引成就成佛的道路。今年的開課內容有各地講堂的「四期教育課程──無我之道」、「四期教育專題課程──生命關懷」、「平安禪法基礎」、「基礎梵唄」等帶狀課程；以及在全球各地為榮譽董事、護法會信眾委員、海外信眾等，則舉辦多場「四期教育課程──初轉之法」、「四期教育課程──無我之道」的密集課程。志工課程則安排「新春服務」、「社區服務」、「平安禪」以及「生命關懷」等實作培訓項目。

　　今年四期教育是第四年開辦，由三乘佛學院法師及研究員將心道法師法教進行教材編制與整合，推廣給靈鷲山上下院、全臺與全球信眾學習，希望學員藉由課程的學習，產生智慧，成就學佛之道。首先，慧命成長學院從五月到十月底舉

辦十堂的華嚴經共讀會;並從十月開始舉辦「四期教育專題課程——生命關懷」,由靈鷲山常住法師於慧命教室、各區會講堂為信眾、職工同仁等講授生死議題,以及臨終過程中可能遇到的狀況,應該如何安排與面對。讓學員在課後,仔細思量如何以佛法的力量去面對生死的課題。十一月則邀請緬甸國家持二藏比丘師利甘闍那(Thiri Kinsana)來臺教授南傳「經教」和「禪法」,安排離苦之道、《吉祥經》、《慈經》、四種當代上座部禪法、安那般那念、經行等課程,引領出自我的慈心,在生活中培養專注與智慧。

在平安禪修推廣上,全臺各區會每週舉辦「平安禪共修」,讓信眾每週在固定時間練習平安禪修,從基礎四步驟,淨化無明的念頭,瞭解佛法,放下身心的壓力,讓心性明亮起來。

而龍樹生命和平教育課程(Nagarjuna Education for Peace and Life)則持續招募全球對佛法有熱忱的青年學子,安排佛法教育結合領袖多元能力的培訓課程,培養新一代的青年佛子。在今年,教育課程、禪關(平安禪五)以及十一月世界宗教大會上的實習,將所學佛法與世界接軌,打開自我的佛法觀念,實踐「愛地球·愛和平」的能量。

在世學方面,邀請慧命成長學院志工於東北角卯澳漁村參與社區活動,復育臺灣百合幼苗;在新春期間安排平安茶館活動,介紹生命和平大學理念,為來山善信介紹四期教育推展成果。另外,慧命學院也定期舉辦志工聯誼茶會,感謝志工的發心參與,彼此交流課務上學員的狀況,希望以最嚴謹的態度,培養更優質的教育推廣人才。

↑ 靈鷲山慧命成長學院邀請緬甸國家持二藏比丘師利甘闍那來臺為信眾講授南傳專題課程。

二〇一八年慧命成長學院年度課程系列活動

主題	日期	課程	地點
經典共讀會	05/21 ～ 07/30 08/20 ～ 10/29	華嚴共讀會（共十堂）	慧命教室
生命教育	10/18 ～ 12/06	四期教育專題課程——生命關懷	全山上下院 全臺講堂
佛學教育	11/11、11/13 ～ 18	南傳佛教居士課程	生命和平多元空間
龍樹生命和平教育課程	02/01 ～ 02/05	教育課程	無生道場
	05/17 ～ 05/21	禪關（平安禪五）	無生道場
	08/29 ～ 09/02	教育課程	無生道場
	11/01 ～ 11/07	國際實習： 加拿大多倫多世界宗教大會	加拿大多倫多
志工培訓及社區服務	01/06	百元好合，美麗卯澳	東北角卯澳漁村
	01/12	志工推展分享會	慧命教室
	02/15 ～ 02/21	新春平安茶館	無生道場文化走廊
	12/13	志工聯誼茶會	慧命教室

靈鷲山國際青年團
推動愛與和平的善種子

↑ 在每一次的幹部訓練與青年團團員大會中，凝聚團員彼此的互信力與團結力。

　　靈鷲山國際青年團為全球優秀青年佛子提供一個學習、成長的平臺，透過佛法展現多元包容的心胸，激發服務、奉獻的心，成為正面、積極、樂觀，推動愛與和平的使者。靈鷲山國際青年團自二○一四年成立以來，已經成為靈鷲山各種弘法活動的重要推動力量之一，並且承擔起傳承佛法的新生力量。

　　靈鷲山國際青年團今年從小學至中學一路種下佛法的種子，首先於六、七月在臺灣、馬來西亞地區分別舉辦「第六屆國際哈佛營」。暑假期間在各區會分別舉辦「兒童快樂學佛營」，藉由營隊活動培養青年佛子互相支援，成為對方生命中的點燈手。八月水陸空大法會期間，舉辦「與師有約同學會──師父我該怎麼辦」，一年一次的與法相約，和心道法師近距離的發問應答，從青年學佛的重要性談起，希望青年在生命的旅程中，精進佛法並持續茁壯成長。在每一次的幹部訓練與青年團團員大會中，凝聚團員彼此的互信力與團結力。邀請外部講師透過

活動課程，增進學員的團隊相處及互助能力，也安排培育領袖素質的相關課程，希望繼往開來培育出更多具有無限可能的善種子。

心道法師於水陸空大法會中為青年團團員開示：「每次我看到大家的時候，就看到一種希望與傳承，這是智慧、善因善果的生命傳承。這種美好的傳承，就是要透過學習佛法，把美好的學佛風氣帶給社會，也和自己身邊的年輕朋友分享，大家互相學習，以堅定的意志，學習佛的法教，讓佛法成為我們生命的DNA。我們是每個人生命旅途中的善種子，要將愛心、正面、積極、樂觀散播出去，感染我們身邊的每一位朋友，來成就新的世代。」

↑靈鷲山國際青年團於水陸空大法會期間舉辦「與師有約同學會——師父我該怎麼辦」。

二〇一八年靈鷲山國際青年團年度系列活動

日期	活動名稱	地點
01/20 ～ 01/21	青年團歲末聯誼暨團員大會	宜蘭縣羅東鎮
01/25	兒童心寧靜一日營	高雄市小港區鳳陽國小
02/03 ～ 02/04	生活禪少年冬令營	臺北講堂
03/10	Winner Energy——營的力量幹部訓練	慧命教室
03/17	全國普仁放心營	靈鷲山聖山寺
05/26	Winner Energy——營的力量幹部訓練	慧命教室
06/09 ～ 06/11	第六屆國際青年哈佛營（馬來西亞）	馬來西亞吉隆坡 Hawa Resort Janda Baik
07/07 ～ 07/08	青少年生活禪	臺北講堂
07/11 ～ 07/15	第六屆國際青年哈佛營（臺灣）	靈鷲山聖山寺
07/21 ～ 07/22	寧靜親子禪	高屏講堂
07/22	兒童快樂學佛營——跟著悉達多來尋寶	臺中講堂
07/27 ～ 07/29	兒童快樂學佛營——跟著悉達多來尋寶	臺南分院
08/09	「與師有約」同學會——師父我該怎麼辦	桃園巨蛋體育館 海外功德主休息室
08/25 ～ 08/26	兒童快樂學佛營——跟著悉達多來尋寶	新北分院
11/23	哈佛青年行動講座	生命和平多元空間
12/01 ～ 12/02	Winner Energy——營的力量幹部訓練	桃園市九斗村有機農場、 中華汽車人才培訓中心
12/15	青年團歲末聯誼暨團員大會	臺南分院

灑下寧靜的種子
讓心寧靜開花

↑全球心寧靜教師團安排全臺各級學校校長，透過「教育領導生活禪體驗營」體驗禪修課程。

　　現代孩童身處於網路資訊爆炸的時代，在學習成長的過程中，容易引發孩子心理躁動，產生與人溝通不良等身心不協調的狀況。靈鷲山全球心寧靜教師團透過心道法師的一分鐘平安禪，結合有效的會談教學法，幫助孩童找回自己的心，做情緒的主人，進而快樂的學習。

　　今年全球心寧靜教師團在全臺及馬來西亞舉辦多場研習教學活動，藉由研習營提升教師團人員素質；而教師團的教師與志工也深入校園、地方推廣。今年除了傳統的研習課程外，也安排全臺各級學校校長，透過「教育領導生活禪體驗營」，安排「行的覺知、心的觀照」禪修體驗課程，由法師指導禪修教學，提醒學員自我，面對教育要莫忘初衷。

　　全球心寧靜教師團於無生道場舉辦第十三期「心寧靜～情緒管理教學」教師研習營，邀請來自全球各地教育工作單位，以及有志推廣兒童生命教育的志工共計七十多人，蒞臨靈鷲山進行為期三天的研習營。自二〇一〇年起，教師團使用總團長宋慧慈老師及兒童禪修師資訓練班成員合作編輯完成的「靈鷲山兒童生命教育——心寧靜運動」教材；搭配心寧靜三工具：寧靜手環、寧靜一分鐘、寧靜之歌，輔助教學。陪伴孩子們練習深呼吸、靜心觀照、覺知出入息、聆聽寂靜等四個步驟，引導孩子們熟悉自己的情緒變化，成為情緒的主人。目前全球已有五十二所學校單位，將此教材落實在教學中，超過五百多位心寧靜教師正在各地發揮正向循環的成果。

　　在本年度課程中，邀請全球心寧靜教師團推廣部部長同時也是臺北市立圖書館「林老師說故事團隊」隊長唐淑珍老師，來分享運用兒童繪本說故事的方法，配合心寧靜的教材，讓教學方式更活潑多元。學員除了學習情緒教學的技巧之外，還能夠在山林海濱之巔，體會「心寧靜」，看見靈鷲山之美。

↑全球心寧靜教師團於無生道場舉辦第十三期「心寧靜～情緒管理教學」教師研習營。

心寧靜教學年度課程系列活動表

日期	活動名稱	地點
01～08月	心寧靜推廣教學，共十九場	馬來西亞霹靂州非伊斯蘭事務所、霹靂華校教師會聯合會
03/10 西場 04/28 東場 05/26 北場 06/02 南場	「心寧靜～做情緒的主人」 單日教師研習，共四場	1.國立臺中教育大學特教中心 2.臺東大學 3.臺北學前及國中小教育協會 4.高雄市小港區鳳陽國小
07/06～07/08	第十三期「心寧靜～情緒管理教學」 教師研習營（三日）	靈鷲山無生道場
07/25～07/27	教育領導生活禪體驗（三日）	靈鷲山無生道場
10/13～10/14	全球心寧靜教師團── 進階暨團員大會（二日）	靈鷲山無生道場

年表
2018

日期	活動摘要
01/01	交通部東北角暨宜蘭海岸國家風景區管理處於新北市福隆地區舉辦「福隆迎曙光」跨年慶祝活動，靈鷲山於下院聖山寺配合舉辦「敲響和平鐘」祈福儀式。
01/01	靈鷲山基隆講堂舉辦「濱海朝山」活動。
01/01、17、31	靈鷲山中港中心、樹林中心、嘉義中心、臺南分院及高屏講堂分別舉辦「初一、十五燃燈供佛」。
01/01～01/29	靈鷲山中壢中心每週一舉辦「敦煌舞」課程。
01/01、17、31	靈鷲山臺南分院舉辦「百萬大悲咒共修」。
01/01～01/29	靈鷲山臺南分院每週一舉辦「禪悅舞」課程。
01/01、17、31	靈鷲山新營共修處舉辦「初一、十五佛供暨《大乘妙法蓮華經·觀世音菩薩普門品》共修」。
01/02～02/04	世界宗教博物館舉辦「愛與光──聖經繪畫故事」特展教育活動──創意手作「玻璃花窗拼貼」。
01/02～01/30	靈鷲山基隆講堂、臺北講堂每週二分別舉辦「平安禪共修」。
01/02～01/30	靈鷲山新北分院每週二舉辦「花與禪」課程。
01/02	靈鷲山中壢中心舉辦「經典共修」。
01/02～01/30	靈鷲山嘉義中心每週二舉辦「瑜伽班」課程。
01/02～01/30	靈鷲山臺南分院每週二舉辦「《金剛般若波羅蜜經》暨〈文殊咒〉一百〇八遍」共修法會。
01/02～01/30	靈鷲山高屏講堂每週二舉辦「書法抄經班」。
01/02～01/23	靈鷲山蘭陽講堂每週二舉辦「平安禪暨經典共修」。
01/03	心道法師主持無生道場的五佛和平塔裝臟儀式。
01/03～01/31	靈鷲山基隆講堂每週三分別舉辦「書法班」及「《大乘妙法蓮華經》經典共修」。
01/03～01/31	靈鷲山臺北講堂每週三分別舉辦「經脈導引」及「平安禪共修」。
01/03～01/31	靈鷲山中港中心每週三舉辦「平安禪（九分禪）暨經典共修」。
01/03～01/31	靈鷲山樹林中心每週三舉辦「拜願暨平安禪修」。
01/03～01/31	靈鷲山桃園講堂每週三舉辦「敦煌舞（初級班）課程」。
01/03～01/31	靈鷲山中壢中心每週三舉辦「敦煌舞」課程。
01/03～01/31	靈鷲山臺中講堂每週三舉辦「平安禪共修」。
01/03～01/31	靈鷲山高屏講堂每週三舉辦「經典共修」。
01/03～01/24	靈鷲山花蓮共修處每週三舉辦「經典共修」。
01/04	世界宗教博物館舉辦「愛與光──聖經繪畫故事」特展，邀請現任天主教輔仁聖博敏神學院禮儀研究中心錢玲珠主任為參觀民眾導覽。
01/04	靈鷲山中港中心、中壢中心分別舉辦「平安禪共修」。

壹

月

壹 月	01/04 ～ 01/25	靈鷲山中壢中心每週四舉辦「敦煌舞」課程。
	01/04	靈鷲山桃園講堂舉辦「經典共修」。
	01/04 ～ 01/25	靈鷲山新竹共修處每週四舉辦「禪修共修」。
	01/04 ～ 01/18	靈鷲山新營共修處每週四舉辦「經典共修暨大悲咒共修」。
	01/05 ～ 01/26	靈鷲山新竹共修處每週五舉辦「經典共修」。
	01/05 ～ 01/26	靈鷲山臺南分院、高屏講堂每週五分別舉辦「平安禪共修」。
	01/05	靈鷲山嘉義中心舉辦「禪修共修」。
	01/06	世界宗教博物館舉辦「愛與光──聖經繪畫故事」特展，邀請蘇恩惠作家主講「聖經餐桌小旅行」。
	01/06	靈鷲山臺北講堂舉辦「大悲咒共修」。
	01/06	靈鷲山樹林中心舉辦「朝山暨大悲咒共修」。
	01/06 ～ 01/27	靈鷲山中壢中心每週六舉辦「敦煌舞」課程。
	01/06、01/20	靈鷲山新營共修處舉辦「大悲咒共修」。
	01/06	靈鷲山高屏講堂舉辦「百萬大悲咒共修」。
	01/06	靈鷲山香港佛學會舉辦「慈悲三昧水懺法會」。
	01/07	靈鷲山樹林中心舉辦「跳蚤市場義賣活動」。
	01/07	靈鷲山蘭陽講堂舉辦「百萬悲願暨禪修」。
	01/08	世界宗教博物館於中和漳和國中舉辦環保創意教學課程──「手動DIY包袱巾」（第一場）。
	01/08 ～ 01/29	靈鷲山新北分院每週一舉辦「平安禪共修」、「經典共修」。
	01/08 ～ 01/29	靈鷲山桃園講堂每週一舉辦「敦煌舞」課程。
	01/09	新北市政府舉辦「第一屆新北文化貢獻獎」，世界宗教博物館陳國寧館長獲頒「文化貢獻獎」，由新北市長朱立倫親自頒獎。
	01/09 ～ 01/30	靈鷲山桃園講堂每週二舉辦「平安禪共修」。
	01/10	靈鷲山慈善基金會於臺北講堂舉辦「普仁獎全球推行委員會第四次會議」。
	01/10	靈鷲山護法會組成「區護法會青年團關懷小組」。
	01/10、01/24	靈鷲山臺南分院舉辦「誦戒會」。
	01/11 ～ 01/25	靈鷲山慧命成長學院分別於全臺講堂舉辦「阿含期進階課程──無我之道」。
	01/11	靈鷲山護法會於新北分院舉辦「歲末聯誼會」。
	01/11、01/25	靈鷲山新營共修處舉辦「經典共修」。
	01/12	靈鷲山慈善基金會於連江縣中正國中舉辦「連江地區普仁獎頒獎典禮」。
	01/12	靈鷲山嘉義中心舉辦「《大乘妙法蓮華經》經典共修」。

壹 月	01/13	靈鷲山於貢寮區石碇溪步道海岸舉辦「淨灘愛地球‧愛和平」活動。
	01/13	靈鷲山基隆講堂舉辦「大悲咒共修」。
	01/13	靈鷲山臺北講堂一行人回山擔任志工。
	01/13	靈鷲山中港中心舉辦「新北B區區會歲末聯誼會」。
	01/13	靈鷲山樹林中心啟建「千佛洪名寶懺法會」，並於晚間舉辦「歲末聯誼會」。
	01/13	靈鷲山新竹共修處每週六舉辦「大悲咒共修」。
	01/13、01/27	靈鷲山新營共修處舉辦「合唱團活動」。
	01/14	靈鷲山慈善基金會於臺中市政府舉辦「臺中地區普仁獎頒獎典禮」。
	01/14	靈鷲山慈善基金會於嘉義中心舉辦「嘉義地區普仁獎頒獎典禮暨園遊會」。
	01/14	靈鷲山慈善基金會於臺南遠東國際大飯店舉辦「臺南地區普仁獎頒獎典禮」。
	01/14	靈鷲山於下院聖山寺善法大樓舉辦「全山志工歲末聯誼會」。
	01/14	靈鷲山基隆講堂舉辦「歲末感恩聯誼會」。
	01/14	靈鷲山臺北講堂啟建「慈悲三昧水懺法會」。
	01/14	靈鷲山樹林中心啟建「拜千佛法會」。
	01/14	靈鷲山花蓮共修處啟建「慈悲三昧水懺法會」。
	01/15	世界宗教博物館於慧命教室舉辦環保創意教學課程——「手動DIY包袱巾」（第二場）。
	01/15	靈鷲山基隆講堂舉辦「誦戒會」。
	01/16	心道法師親臨臺東地區為靈鷲山臺東中心新據點進行灑淨儀式。
	01/16～01/30	靈鷲山中壢中心每週二舉辦「平安禪共修」。
	01/17、01/31	靈鷲山臺北講堂啟建「千佛供佛法會」。
	01/17、01/31	靈鷲山蘭陽講堂舉辦「初一、十五《金剛般若波羅蜜經》共修暨佛供」。
	01/18	靈鷲山慈善基金會與社團法人世界和平會於貢寮國小合作進行「福隆地區貧童脫困專案訪視」。
	01/19～01/21	靈鷲山於上院華藏海圓通寶殿舉辦「平安禪進階禪三」。
	01/20	世界宗教博物館舉辦「愛與光——聖經繪畫故事」特展，邀請陳鳳翔（陳小小）作家主講「穿越聖經去旅行」。
	01/20	靈鷲山慈善基金會於臺北中山國小舉辦「臺北地區普仁獎頒獎典禮暨園遊會」。
	01/20	靈鷲山慈善基金會於桃園高中舉辦「桃園地區普仁獎頒獎典禮暨園遊會」。
	01/20	靈鷲山慈善基金會於高雄龍華國小舉辦「高屏地區普仁獎頒獎典禮」。
	01/20	靈鷲山慈善基金會於花蓮縣議會舉辦「花蓮地區普仁獎頒獎典禮」。
	01/20～01/21	靈鷲山國際青年團於寂光寺、蘭陽講堂舉辦「歲末聯誼暨團員大會」。

	01/20	靈鷲山基隆講堂舉辦「朝禮靈鷲聖山活動」。
	01/20	靈鷲山中港中心舉辦「朝山暨半日禪」活動。
	01/20	靈鷲山臺南分院舉辦「普仁志工感恩聯誼茶會」。
	01/20 ～ 01/21	靈鷲山泰國禪修中心舉辦「平安禪修（基礎班）」。
	01/21	宗博文化生活館舉辦「我們的『家』位在宇宙哪裡？淺談地球，太陽系和銀河系講座」，邀請涂承恩老師主講。
	01/21	靈鷲山慈善基金會於三重社教館舉辦「新北地區普仁獎頒獎典禮」。
	01/21	靈鷲山慈善基金會於竹北體育館舉辦「新竹地區普仁獎頒獎典禮暨園遊會」。
	01/21	靈鷲山慈善基金會於臺東社會福利館舉辦「臺東地區普仁獎頒獎典禮」。
	01/21	靈鷲山基隆講堂舉辦「一日禪」。
	01/21	靈鷲山臺北講堂舉辦「歲末聯誼會」。
	01/21	靈鷲山桃園講堂舉辦「歲末聯誼會」。
壹	01/22 ～ 01/23	靈鷲山三乘佛學院於上院華藏海大講堂舉辦僧眾課程「般若專題：《大佛頂首楞嚴經》──〈觀世音菩薩耳根圓通章〉」，禮請蔡玉鳳講師主講。
	01/23	靈鷲山下院聖山寺舉辦「第六屆臘八送暖迎平安」活動，發送臘八粥及春聯於貢寮、雙溪、澳底等地鄰里鄉親及公教團體。
	01/24 ～ 01/28	靈鷲山三乘佛學院於無生道場舉辦「第十八屆大專青年佛門探索營」。
月	01/24	靈鷲山慈善基金會於金門縣中正國小舉辦「金門地區普仁獎頒獎典禮」。
	01/24	靈鷲山臺中講堂舉辦「大悲咒共修」。
	01/24	靈鷲山嘉義中心舉辦「佛陀成道日佛供」。
	01/25	全球心寧靜教師團於高雄市鳳陽國小舉辦「兒童心寧靜一日營」，學員來自高雄小港地區五所國小，共三十三名。
	01/26 ～ 01/28	靈鷲山為全球心寧靜教師團員於上院華藏海圓通寶殿舉辦「平安禪三」活動。
	01/26	心道法師親臨嘉義地區為靈鷲山嘉義中心新據點主持動土灑淨儀式。
	01/27	世界宗教博物館舉辦「愛與光──聖經繪畫故事」特展，邀請國立臺灣大學歷史學系專任教授花亦芬主講「米開朗基羅藝術與宗教改革」。
	01/27	靈鷲山慧命成長學院舉辦「二○一七經典開門・智慧列車專題講座」，禮請性月法師主講《地藏菩薩本願經》。
	01/27	靈鷲山護法會於下院聖山寺善法大樓舉辦「全國委員感恩聯誼會」。
	01/28 ～ 02/03	心道法師緬甸弘法行程，前往緬甸臘戍地區曼殊大師弘法三十週年紀念會、弄曼大善園寺臥佛殿開光典禮及為中國遠征軍犧牲將士所修建的「萬福和平安寧功德佛塔」進行開光裝置寶傘典禮。
	01/28	靈鷲山臺北講堂舉辦「《大乘妙法蓮華經》經典共修」。
	01/28	靈鷲山臺南分院舉辦「《地藏菩薩本願經》經典共修」。
	01/28	靈鷲山蘭陽講堂舉辦「歲末聯誼會」。
	01/31	靈鷲山花蓮共修處舉辦「大悲咒共修」。

	02	《靈鷲山2017弘法紀要》出版。
	02/01	靈鷲山慧命成長學院於全臺講堂分別舉辦「阿含期進階課程——無我之道」。
	02/01～02/05	靈鷲山於無生道場分別舉辦「龍樹生命和平教育課程（Nagarjuna Education for Peace and Life）」016二年級第二階、017一年級第一階課程。
	02/01、08、22	靈鷲山中壢中心舉辦「敦煌舞」課程。
	02/01、02/08	靈鷲山新竹共修處舉辦「禪修共修」。
	02/01、02/15	靈鷲山新營共修處舉辦「經典暨大悲咒共修」。
	02/01	靈鷲山蘭陽講堂舉辦「新春回山迎財神」活動。
	02/02～02/04	靈鷲山於無生道場舉辦「基礎禪三」。
貳	02/02	達隆噶舉傳承法王達隆夏忠仁波切帶領大堪千昆秋嘉辰仁波切、堪千尼瑪嘉稱仁波切、敏鷲多杰仁波切等多位出家及在家居士來山參訪。
	02/02、02/09	靈鷲山新竹共修處舉辦「經典共修」。
	02/02	靈鷲山嘉義中心舉辦「禪修共修」。
	02/02、09、23	靈鷲山臺南分院、高屏講堂分別舉辦「平安禪共修」。
月	02/03～02/04	靈鷲山臺北講堂舉辦「生活禪少年冬令營」。
	02/03、10、24	靈鷲山中壢中心舉辦「敦煌舞」課程。
	02/03	靈鷲山臺中講堂舉辦「歲末聯誼會」。
	02/03、02/17	靈鷲山新營共修處舉辦「大悲咒共修」。
	02/03	靈鷲山高屏講堂舉辦「百萬大悲咒共修」及「歲末聯誼會」。
	02/03	靈鷲山香港佛學會啟建「慈悲三昧水懺法會」。
	02/04	靈鷲山慈善基金會於蘭陽講堂舉辦「宜蘭地區普仁獎頒獎典禮」。
	02/04	靈鷲山樹林中心舉辦「大悲咒共修」。
	02/04	靈鷲山臺南分院舉辦「歲末聯誼感恩餐會」。
	02/04	靈鷲山高屏講堂舉辦「歲末聯誼暨淨灘活動」。
	02/04	靈鷲山蘭陽講堂舉辦「百萬悲願禪修暨歲末聯誼」。
	02/05、02/26	靈鷲山中壢中心舉辦「敦煌舞」課程。
	02/05、12、26	靈鷲山臺南分院舉辦「禪悅舞」課程。
	02/06	東臺灣花蓮發生芮氏規模6.0大地震，造成多棟大樓倒塌傾斜、多人傷亡等災情。心道法師立刻指示靈鷲山進行救災捐款，募經《觀世音菩薩普門品》、〈大悲咒〉等行動。
	02/06～03/04	世界宗教博物館舉辦「愛與光——聖經繪畫故事」特展教育活動——創意手作「和平鴿摺紙書籤」。
	02/06、13、27	靈鷲山基隆講堂、臺北講堂分別舉辦「平安禪共修」。

	02/06	靈鷲山中壢中心舉辦「經典共修」。
	02/06	靈鷲山嘉義中心舉辦「瑜伽班」課程。
	02/06、13、27	靈鷲山臺南分院舉辦「《金剛般若波羅蜜經》共修暨〈文殊咒〉一百○八遍」。
	02/06 ～ 02/27	靈鷲山高屏講堂每週二舉辦「書法班」課程。
	02/06	靈鷲山蘭陽講堂舉辦「平安禪暨經典共修」。
	02/07、14、28	靈鷲山基隆講堂舉辦「書法班」及「《大乘妙法蓮華經》經典共修」。
	02/07、14、28	靈鷲山臺北講堂舉辦「經脈導引」及「平安禪共修」。
	02/07	靈鷲山中港中心舉辦「平安禪（九分禪）暨經典共修」。
	02/07、02/28	靈鷲山樹林中心舉辦「拜願暨平安禪修」。
	02/07、14、28	靈鷲山中壢中心舉辦「敦煌舞」課程。
	02/07 ～ 02/28	靈鷲山高屏講堂每週三舉辦「經典共修」。
	02/07 ～ 02/21	靈鷲山花蓮共修處每週三舉辦「經典共修」。
貳	02/08	靈鷲山中港中心、中壢中心分別舉辦「平安禪共修」。
	02/08、02/22	靈鷲山新營共修處舉辦「經典共修」。
	02/09 ～ 02/12	靈鷲山慈善基金會派員抵達花蓮，勘查地震災情，並慰問第一線救災人員及收容所災民。十二日則至殯儀館關懷亡者眷屬，並將總募集一萬八千部《觀世音菩薩普門品》及十三萬遍〈大悲咒〉統一迴向祈願花蓮遠離災厄。
	02/10	靈鷲山新竹共修處舉辦「大悲咒共修」。
月	02/10、02/24	靈鷲山新營共修處舉辦「合唱團」活動。
	02/11	心道法師於上院華藏海大講堂接見法雨同修會李有富老師及其二百五十位從臺北、新竹、臺中、高雄等地前來的學佛弟子。
	02/11	靈鷲山基隆講堂舉辦「大悲咒共修」。
	02/11	靈鷲山花蓮共修處啟建「慈悲三昧水懺法會」。
	02/12	靈鷲山於下院聖山寺善法大樓舉辦「職工歲末聯誼會」。
	02/12	靈鷲山基隆講堂舉辦「誦戒會」。
	02/14、02/28	靈鷲山臺南分院舉辦「誦戒會」。
	02/15	靈鷲山無生道場舉辦「除夕圍爐・拜年晚會」。
	02/15	靈鷲山臺南分院啟建「《一切如來心祕密全身舍利寶篋印陀羅尼經》共修法會」。
	02/15	靈鷲山高屏講堂舉辦「除夕拜願暨新春插頭香」活動。
	02/16 ～ 02/20	新春期間，靈鷲山分別於上院無生道場、下院聖山寺舉辦新春活動，包括「新春祈福法會」、「與師拜年」、「戊戌狗年光明燈啟燈儀式」等。
	02/16	靈鷲山基隆講堂於貢寮福隆地區舉辦「濱海朝山」活動。

	02/16	靈鷲山臺北講堂舉辦「千燈供佛法會」。
	02/16	靈鷲山中港中心、臺南分院分別舉辦「初一、十五燃燈供佛」。
	02/16	靈鷲山樹林中心舉辦「初一、十五佛供暨誦戒」。
	02/16	靈鷲山嘉義中心舉辦「佛供」及「大悲寰宇暨新春財神法會」。
	02/16	靈鷲山新營共修處舉辦「初一、十五佛供暨《大乘妙法蓮華經‧觀世音菩薩普門品》共修」。
	02/16	靈鷲山高屏講堂舉辦「大年初一佛供」。
	02/16	靈鷲山蘭陽講堂舉辦「初一、十五《金剛般若波羅蜜經》共修暨佛供」。
	02/16～02/17	靈鷲山紐約道場舉辦「新春法會」。
	02/17	新春期間，國民黨主席吳敦義、蔡令怡夫婦前來靈鷲山下院聖山寺參拜，並拜會心道法師。
	02/18	靈鷲山榮譽董事會於上院華藏海大講堂舉辦「榮董新春團拜暨與師有約」。
貳	02/18～02/19	靈鷲山高屏講堂回山參加「新春回山迎財神」活動。
	02/19	靈鷲山蘭陽講堂回山參加「新春回山迎財神」活動。
	02/20	靈鷲山臺北講堂一行回山志工服務。
	02/21～02/25	靈鷲山桃園講堂舉辦「新春梁皇寶懺法會」。
	02/23	新春期間，中華民國前總統馬英九來山參訪，拜會心道法師。
月	02/23	靈鷲山於上院華藏海大講堂舉辦「職工新春團拜」。
	02/23	靈鷲山嘉義中心舉辦「《大乘妙法蓮華經》經典共修」。
	02/23	靈鷲山臺南分院啟建「齋天——《仁王護國經》共修法會」。
	02/24	靈鷲山下院聖山寺舉辦「新春供佛小齋天」。
	02/24	新春期間，印度臺北協會會長史達仁（Sridharan Madhusudhanan）來山參觀，並拜會心道法師。
	02/24～02/25	靈鷲山護法會於上院華藏海大講堂舉辦「委員幹部春季成長營」。
	02/24	全球心寧靜教師團於無生道場舉辦「新春團拜活動」。
	02/24	靈鷲山中港中心舉辦「大悲咒共修」。
	02/25	世界宗教博物館舉辦「愛與光——聖經繪畫故事」特展，邀請國立臺南藝術大學藝術史學系副教授蔡敏玲教授主講「中世紀晚期聖徒崇敬風氣的盛行與聖人圖像傳統」。
	02/25～02/27	靈鷲山教育院於下院聖山寺善法大樓舉辦「教育院同仁四期阿含進階課程」。
	02/25	靈鷲山基隆講堂舉辦「一日禪」。
	02/25	靈鷲山臺南分院舉辦「《地藏菩薩本願經》經典共修」。
	02/28	靈鷲山花蓮共修處舉辦「春茶活動」。
	02/28	靈鷲山蘭陽講堂啟建「拜千佛法會」。

03/01 ～ 03/29	靈鷲山新莊中港中心每週四舉辦「平安禪共修」。	
03/01 ～ 03/29	靈鷲山桃園講堂每週四分別舉辦「經典共修」及「禪法共修」。	
03/01 ～ 03/29	靈鷲山中壢中心每週四分別舉辦「平安禪共修」及「敦煌舞」課程。	
03/01、03/15	靈鷲山新營共修處舉辦「經典共修暨大悲咒共修」。	
03/02、17、31	靈鷲山臺北講堂舉辦「千燈供佛法會」。	
03/02、17、31	靈鷲山中港中心舉辦「初一、十五燃燈供佛法會」。	
03/02、17、31	靈鷲山樹林中心舉辦「初一、十五佛供暨誦戒會」。	
03/02 ～ 03/30	靈鷲山新竹共修處每週五舉辦「經典共修」。	
03/02、17、31	靈鷲山嘉義中心舉辦「佛供」。	
03/02	靈鷲山嘉義中心舉辦「禪修共修」。	
03/02、17、31	靈鷲山臺南分院、高屏講堂分別舉辦「初一、十五佛供」。	
03/02、17、31	靈鷲山臺南分院舉辦「大悲咒共修」。	
03/02、17、31	靈鷲山新營共修處舉辦「初一、十五佛供暨《大乘妙法蓮華經・觀世音菩薩普門品》共修」。	
03/02 ～ 03/30	靈鷲山高屏講堂每週五舉辦「平安禪共修」。	
03/02、17、31	靈鷲山蘭陽講堂舉辦「初一、十五《金剛般若波羅蜜經》共修暨佛供」。	
03/03	靈鷲山於下院聖山寺善法大樓啟建「二〇一八水陸第三場先修暨聖山寺春季祭典」。	
03/03	靈鷲山弄曼大善園寺於臥佛殿啟建「弄曼大善園寺沙彌生活教養專案功德主祈福法會」。	
03/03 ～ 03/31	靈鷲山中壢中心每週六舉辦「敦煌舞」課程。	
03/03	靈鷲山嘉義中心舉辦「愛地球——大家一起來種樹」活動。	
03/03、03/17	靈鷲山新營共修處舉辦「大悲咒共修」。	
03/03	靈鷲山高屏講堂舉辦「百萬大悲咒共修」。	
03/03	靈鷲山香港佛學會啟建「財神法會」。	
03/04 ～ 03/31	靈鷲山於無生道場啟建「春安居——僧眾禪關二十八」。	
03/04	靈鷲山三乘佛學院於上院無生道場舉辦「一〇六學年下學期初修部開學典禮」。	
03/04	靈鷲山臺北講堂舉辦「大悲咒共修」。	
03/04	靈鷲山樹林中心於上院無生道場舉辦「朝山暨大悲咒共修」。	
03/04	靈鷲山臺中講堂啟建「慈悲三昧水懺法會」。	
03/04	靈鷲山蘭陽講堂舉辦「大悲咒共修」。	
03/05 ～ 05/31	靈鷲山緬甸弄曼大善園寺沙彌學院舉辦「第二屆中文營」。	
03/05 ～ 03/26	靈鷲山臺北講堂每週一舉辦「愛地球樂活活動」。	

參
月

參 月	03/05～03/26	靈鷲山桃園講堂、中壢中心每週一分別舉辦「敦煌舞」課程。
	03/05～03/26	靈鷲山臺南講堂每週一舉辦「禪悅舞」課程。
	03/06～03/27	靈鷲山基隆講堂、臺北講堂及桃園講堂每週二分別舉辦「平安禪共修」。
	03/06～03/27	靈鷲山臺北講堂每週二舉辦「愛地球樂活動」。
	03/06～03/27	靈鷲山中壢中心每週二舉辦「經典共修」。
	03/06～03/27	靈鷲山嘉義中心每週二舉辦「瑜伽班」課程。
	03/06～03/27	靈鷲山臺南分院每週二舉辦「《金剛般若波羅蜜經》共修暨〈文殊咒〉一百○八遍」。
	03/06～03/27	靈鷲山高屏講堂每週二舉辦「書法班」。
	03/06	靈鷲山高屏講堂舉辦「心寧靜教師研習營」。
	03/06～03/27	靈鷲山蘭陽講堂每週二舉辦「平安禪暨經典共修」。
	03/07～03/28	靈鷲山基隆講堂每週三舉辦「書法班」及「《大乘妙法蓮華經》經典共修」。
	03/07～03/28	靈鷲山臺北講堂每週三舉辦「經脈導引」及「平安禪共修」。
	03/07～03/28	靈鷲山新莊中港中心每週三舉辦「平安禪暨經典共修」。
	03/07～03/28	靈鷲山樹林中心每週三舉辦「《藥師琉璃光如來本願功德經》經典共修」及「拜願暨平安禪共修」。
	03/07～03/28	靈鷲山桃園講堂、中壢中心每週三分別舉辦「敦煌舞」課程。
	03/07、03/21	靈鷲山臺中講堂舉辦「平安禪共修」。
	03/07	靈鷲山嘉義中心舉辦「水陸課程」。
	03/07～03/28	靈鷲山高屏講堂每週三舉辦「經典共修」。
	03/07～03/21	靈鷲山花蓮共修處每週三舉辦「《金剛般若波羅蜜經》經典共修」。
	03/08～03/29	靈鷲山樹林中心每週四舉辦「《大方廣佛華嚴經·普賢行願品》經典共修」。
	03/08、03/22	靈鷲山新營共修處舉辦「經典共修」。
	03/09～03/30	靈鷲山嘉義中心每週五舉辦「《大乘妙法蓮華經》經典共修」。
	03/09～03/30	靈鷲山臺南分院每週五舉辦「平安禪共修」。
	03/10	靈鷲山於貢寮區石碇溪步道海岸舉辦「淨灘愛地球·愛和平」活動，基隆區護法會號召志工團師兄姐共同參與。
	03/10	靈鷲山護法會於臺北講堂舉辦「授證委員精進營（北場）」。
	03/10	靈鷲山全球心寧靜教師團於臺中教育大學特教中心舉辦「心寧靜～做情緒的主人——教師單日研習營」。
	03/10	靈鷲山國際青年團於世界宗教博物館慧命教室舉辦「營的力量系列課程」。
	03/10	靈鷲山新竹共修處於桃園講堂舉辦「大悲咒共修」。
	03/10、03/24	靈鷲山新營共修處舉辦「合唱團」活動。

03/11	靈鷲山護法會舉辦「幸福人生系列講座三──親子關係」。	
03/11	靈鷲山護法會於臺南分院舉辦「授證委員精進營（南場）」。	
03/11	靈鷲山基隆講堂舉辦「大悲咒共修」。	
03/11	靈鷲山桃園講堂舉辦「水陸願委課程」。	
03/11	靈鷲山花蓮共修處啟建「慈悲三昧水懺法會」。	
03/12 ～ 04/02	靈鷲山慈善基金會於緬甸臘戌地區之華文學校進行「華文學校教師增能計劃」。	
03/12	靈鷲山基隆講堂舉辦「誦戒會」。	
03/13 ～ 03/14	靈鷲山於下院聖山寺善法大樓舉辦「講堂秘書培訓課程」。	
03/14、03/28	靈鷲山臺中講堂舉辦「大悲咒共修」。	
03/14 ～ 03/28	靈鷲山嘉義中心每週三舉辦「手工皂課程」。	
03/14、03/28	靈鷲山臺南分院舉辦「誦戒會」。	
03/16	靈鷲山樹林中心舉辦「生命關懷課程」。	
03/17 ～ 03/18	靈鷲山慈善基金會於新北市貢寮區福容大飯店舉辦「普仁FUN心營暨第八屆全國普仁獎頒獎典禮」。	
03/18	靈鷲山護法會與新北市政府合作於板橋埔墘公園舉辦「兆樹運動」。	
03/18	靈鷲山護法會於臺北講堂舉辦「儲委第一堂課（北場）」。	
03/18	靈鷲山基隆講堂、桃園講堂分別舉辦「一日禪」。	
03/18	靈鷲山臺北講堂一行回山志工服務。	
03/21	中華民國國家建設班研討會學員來山參訪，並拜會心道法師。	
03/24	靈鷲山新莊中港中心、桃園講堂、中壢中心及嘉義中心分別舉辦「大悲咒共修」。	
03/24	靈鷲山臺中講堂舉辦「朝禮靈鷲聖山活動」。	
03/25	靈鷲山基隆講堂於基隆市正濱國小啟建「第十九屆清明懷恩法會」，並捐贈三千斤白米予「基隆市愛心食物銀行」。	
03/25	靈鷲山新莊中港中心舉辦「普仁小太陽活動」。	
03/25	靈鷲山臺中講堂一行回山志工服務。	
03/25	靈鷲山臺南分院舉辦「《地藏菩薩本願經》經典共修」。	
03/25	靈鷲山臺南分院與臺南安平區公所於臺南安平觀夕平臺海灘合作舉辦「愛地球‧心和平」淨灘活動。	
03/25	靈鷲山蘭陽講堂舉辦「一日禪」。	
03/25	靈鷲山紐約道場啟建「慈悲三昧水懺法會」。	
03/28	靈鷲山花蓮共修處舉辦「大悲咒共修」。	
03/29 ～ 06/10	世界宗教博物館舉辦「絕品的分身術」特展開展活動暨記者會，會中邀請中華敦煌能量藝術研究學會會長李容榮帶領的無心敦煌舞團演出精彩的敦煌舞。	

參

月

年
表

參 月	03/29	靈鷲山泰國禪修中心舉辦「泰北反毒運動會」。
	03/31～04/21	靈鷲山於上院無生道場啟建「春安居——居士閉關二十一」。
	03/31～04/01	靈鷲山三乘佛學院於上院無生道場舉辦「四期教育：阿含期初階課程——初轉之法」海外師資培訓，由靈鷲山法師主講。
肆 月	04/01	靈鷲山榮譽董事會於臺北美福大飯店舉辦「榮董春慈聯會」。
	04/01～04/07	世界宗教博物館舉辦「奇幻精靈劇場——貓子曬太陽」兒童節活動。
	04/01	靈鷲山護法會於高屏講堂舉辦「儲委第一堂課」（南場）。
	04/01	靈鷲山基隆講堂、臺北講堂分別舉辦「水陸推廣課程」。
	04/01	靈鷲山新北分院、中壢中心分別啟建「慈悲三昧水懺法會」。
	04/01	靈鷲山樹林中心、蘭陽講堂分別舉辦「大悲咒共修」。
	04/01	靈鷲山臺南分院啟建「清明懷恩暨慈悲三昧水懺法會」。
	04/02、05/07	靈鷲山三乘佛學院於上院華藏海大講堂舉辦僧眾課程「藏傳專題：《功德藏》」，禮請曾慶忠講師主講。
	04/02～04/30	靈鷲山新北分院每週一舉辦「平安禪（九分禪）」及「經典共修」。
	04/02～04/23	靈鷲山桃園講堂每週一舉辦「敦煌舞」課程。
	04/02～04/30	靈鷲山中壢中心每週一舉辦「敦煌舞」課程。
	04/02～04/30	靈鷲山臺南分院每週一舉辦「禪悅舞」課程。
	04/02	靈鷲山香港佛學會舉辦「十萬遍大悲咒共修」。
	04/03～04/24	靈鷲山基隆講堂、桃園講堂每週二分別舉辦「平安禪共修」。
	04/03～04/24	靈鷲山新北分院每週二舉辦「花與禪」。
	04/03～04/24	靈鷲山中壢中心每週二舉辦「經典共修」。
	04/03～04/24	靈鷲山嘉義中心每週二舉辦「瑜伽班」。
	04/03～04/24	靈鷲山臺南分院每週二舉辦「《金剛般若波羅蜜經》共修暨〈文殊咒〉一百○八遍」。
	04/03～04/24	靈鷲山高屏講堂每週二舉辦「書法抄經班」。
	04/04	靈鷲山於觀世音菩薩聖誕日（農曆二月十九日）舉辦「觀音三會大朝山」。
	04/04～04/25	靈鷲山基隆講堂每週三舉辦「書法班」課程及「《大乘妙法蓮華經》經典共修」。
	04/04～04/25	靈鷲山臺北講堂每週三舉辦「經脈導引」及「平安禪共修」。
	04/04～04/25	靈鷲山樹林中心每週三舉辦「《藥師琉璃光如來本願功德經》經典共修」及「拜願暨平安禪修」。
	04/04～04/25	靈鷲山桃園講堂每週三舉辦「敦煌舞（初階）」課程。
	04/04～04/25	靈鷲山中壢中心每週三舉辦「敦煌舞」課程。
	04/04、04/18	靈鷲山臺中講堂舉辦「平安禪修」。

	04/04	靈鷲山臺中講堂舉辦「佛供」。
	04/04	靈鷲山嘉義中心舉辦「《大乘妙法蓮華經‧觀世音菩薩普門品》暨〈大悲咒〉及佛供共修」。
	04/04～04/25	靈鷲山高屏講堂每週三舉辦「經典共修」。
	04/04～04/18	靈鷲山花蓮共修處每週三舉辦「《金剛般若波羅蜜經》經典共修」。
	04/04	靈鷲山香港佛學會啟建「觀音百供法會」。
	04/05	天主教主教團鮑霖神父（Batairwa K. Paulin）來山，並拜會心道法師。
	04/05	靈鷲山中壢中心舉辦「平安禪共修」。
	04/05～04/26	靈鷲山中壢中心每週四舉辦「敦煌舞」課程。
	04/05～04/26	靈鷲山新營共修處每週四舉辦「平安禪（進階禪訓）」。
	04/06	天主教耶穌會陸達誠神父來山，並拜會心道法師。
	04/06	靈鷲山嘉義中心、臺南分院分別舉辦「禪修共修」。
	04/06～04/27	靈鷲山嘉義中心每週五舉辦「《大乘妙法蓮華經》經典共修」。
肆	04/06、13、27	靈鷲山高屏講堂舉辦「平安禪共修」。
	04/07～04/08	靈鷲山護法會於上院聖山寺善法大樓舉辦「夏季營暨新科委員授證大會」。
	04/07～04/28	靈鷲山中壢中心每週六舉辦「敦煌舞」課程。
月	04/07、04/21	靈鷲山新營共修處舉辦「大悲咒共修」。
	04/07	靈鷲山高屏講堂舉辦「百萬大悲咒共修」。
	04/08	靈鷲山基隆講堂舉辦「大悲咒共修」。
	04/08	靈鷲山花蓮共修處啟建「慈悲三昧水懺法會」。
	04/08	靈鷲山紐約講堂啟建「地藏法會」。
	04/09	靈鷲山基隆講堂舉辦「誦戒會」。
	04/10	藏傳佛教寧瑪噶陀派傳承及印度德拉敦地區寧瑪大寺敏卓林佛學院院長堪祖拉尊仁波切昆秋韋瑟來山，與心道法師會面。
	04/10～05/22	靈鷲山三乘佛學院每週二於上院無生道場舉辦僧眾課程「中觀專題：《中觀莊嚴論釋》」，恭請堪祖拉尊仁波切昆秋韋瑟主講。
	04/10～04/24	靈鷲山蘭陽講堂每週二舉辦「平安禪暨經典共修」。
	04/11～04/25	靈鷲山新莊中港中心每週三舉辦「平安禪（九分禪）暨經典共修」。
	04/11、04/25	靈鷲山臺中講堂舉辦「大悲咒共修」。
	04/11、04/25	靈鷲山臺南分院舉辦「誦戒會」。
	04/12～07/12	靈鷲山三乘佛學院每週四於上院無生道場舉辦僧眾課程「般若專題：《大佛頂首楞嚴經》」，禮請蔡玉鳳講師主講。

04/12～04/26	靈鷲山臺北講堂、嘉義中心及高屏講堂每週四分別舉辦「平安禪（禪訓一）」。	
04/12～04/26	靈鷲山新北分院、新莊中港中心及樹林中心每週四舉辦「平安禪共修」。	
04/12～04/26	靈鷲山桃園講堂每週四舉辦「經典共修」。	
04/12～04/26	靈鷲山臺中講堂每週四舉辦「平安禪（禪訓二）」。	
04/13	世界宗教博物館舉辦「乾隆御筆《大乘妙法蓮華經》珂羅版絕品捐贈儀式」，創辦人心道法師代表接受東方寶笈文化傳播有限公司董事長朱平捐贈乾隆御筆《大乘妙法蓮華經》珂羅版絕品，並回贈感謝狀及《菩薩活在人間》等著作。	
04/13	世界宗教博物館舉辦「絕品的分身術」特展期間，邀請中國國家高級工藝美術師李東方女士主講「敦煌莫高窟壁畫的重生：珂羅版複製技術之應用」講座。	
04/13～04/27	靈鷲山臺南分院每週五舉辦「平安禪（禪訓三）」。	
04/14	中華民國佛教慈濟慈善事業基金會委員一行人來山參訪，並拜會心道法師。	
04/14	靈鷲山於貢寮區石碇溪出海口舉辦「淨灘愛地球·愛和平」活動。	
04/14	世界宗教博物館舉辦「奇幻精靈劇場——大白兔的真面目」教育活動。	
04/14	靈鷲山臺北講堂啟建「慈悲三昧水懺法會」。	
04/14、04/28	靈鷲山新營共修處舉辦「合唱團活動」。	
04/14	靈鷲山高屏講堂舉辦「水陸願力精進課程」。	
04/15	靈鷲山基隆講堂、高屏講堂分別舉辦「一日禪」。	
04/15	靈鷲山臺中講堂啟建「慈悲三昧水懺法會」。	
04/15	靈鷲山嘉義中心舉辦「水陸推廣課程」。	
04/15	靈鷲山新營共修處啟建「地藏法會」。	
04/16、04/30	靈鷲山臺北講堂舉辦「千燈供佛法會」。	
04/16、04/30	靈鷲山新莊中港中心舉辦「初一、十五燃燈供佛」。	
04/16、04/30	靈鷲山樹林中心舉辦「初一、十五佛供暨誦戒會」。	
04/16、04/30	靈鷲山嘉義中心、臺南分院及高屏講堂分別舉辦「初一、十五佛供」。	
04/16、04/30	靈鷲山臺南分院舉辦「大悲咒共修」。	
04/16、04/30	靈鷲山新營共修處舉辦「初一、十五佛供暨《大乘妙法蓮華經·觀世音菩薩普門品》共修」。	
04/16、04/30	靈鷲山蘭陽講堂舉辦「初一、十五《金剛般若波羅蜜經》共修暨佛供」。	
04/17	緬甸宗教部副經理一行人來山，並拜會心道法師。	
04/18、05/16 07/16、09/19	靈鷲山三乘佛學院於上院無生道場舉辦僧眾課程「四期教育：阿含期初階課程——初轉之法儲備師資培訓課程」，禮請林國賓講師主講。	
04/18～04/22	靈鷲山高屏講堂啟建「梁皇法會暨五大士燄口法會」。	
04/19～04/25	心道法師中國弘法行程，於無錫靈山精舍及福州芭蕉公社教授平安禪修。	

肆

月

	04/20	「二〇一八第十一屆福隆沙雕季活動」灑淨祈福儀式，由靈鷲山大良法師主持。
	04/20	靈鷲山樹林中心舉辦「生命關懷課程」。
	04/21	靈鷲山臺北講堂、新北分院及新莊中港中心分別舉辦「大悲咒共修」。
	04/21	靈鷲山臺中講堂舉辦「一日禪」。
	04/22	靈鷲山受邀於新北市政府於新北市市民廣場舉辦「第八屆泰國藤球友誼賽暨潑水節」活動，禮請靈鷲山富貴金佛於現場供民眾浴佛禮拜祈福。
	04/22	世界宗教博物館舉辦「潑水節不只是潑水」文化體驗活動，邀請永和社區大學兼任講師陳瑪莉老師教導泰式米線製作方法。
	04/22	靈鷲山護法會新北C區於貢寮區石碇溪出海口舉辦「淨灘愛地球・愛和平」活動；下午回山舉辦「樂活親子禪活動」。
	04/22	靈鷲山基隆講堂一行回山擔任志工，並於當日下午在執事法師妙實法師帶領下前往貢寮區石碇溪出海口淨灘愛地球。
	04/22	靈鷲山臺北講堂、臺南分院分別舉辦「一日禪」。
	04/22	靈鷲山新竹共修處（寶屹寺）啟建「地藏法會暨燄口法會」。
肆	04/22	靈鷲山嘉義中心舉辦「志工課程」。
	04/22	靈鷲山泰國禪修中心啟建「藥師法會」。
	04/25～04/29	靈鷲山榮譽董事會舉辦「榮董禪宗祖庭朝聖」活動，朝禮四川、雲南禪宗祖庭。
	04/25	靈鷲山花蓮共修處舉辦「大悲咒共修」。
月	04/27～04/29	靈鷲山蘭陽講堂舉辦「第十二屆萬佛燈會」。
	04/28～04/29	靈鷲山慈善基金會受邀參加花蓮縣政府於花蓮縣立德興體育館舉辦「全國寺廟團體聯合為花蓮消災祈安暨0206震災超薦大法會」。會後，出席「0206震災捐助及協助救災等善心有功人員感恩暨表揚餐會」，接受花蓮縣政府表揚。
	04/28	世界宗教博物館舉辦「絕品的分身術」特展，邀請國立臺灣藝術大學圖文傳播藝術學系謝顒丞教授主講「博物館數位典藏與文創加值的未來趨勢」。
	04/28	世界宗教博物館舉辦「絕品的分身術」特展，邀請國家圖書館呂姿玲主任主講「博物館藏品的推廣及複製應用」。
	04/28	世界宗教博物館舉辦「絕品的分身術」特展，邀請ttoopp拓拓文化創意股份有限公司黃盈錫經理主講「博物館書畫複製藏品的數位典藏與文創加值」。
	04/28	世界宗教博物館舉辦「奇幻精靈劇場——神奇變身水」教育活動。
	04/28	靈鷲山慧命成長學院於臺東大學師範學院舉辦「心寧靜～作情緒的主人」教師單日研習講座（第二場東區）。
	04/28	靈鷲山臺北講堂一行回山擔任志工。
	04/28	靈鷲山新莊中港中心舉辦「朝禮靈鷲聖山活動」。
	04/28	靈鷲山中壢中心舉辦「大悲咒共修」。
	04/28～04/29	靈鷲山高屏講堂於宜蘭舉辦「新春會員迎新尋根之旅」。

肆月	04/29 ～ 05/20	靈鷲山於無生道場舉辦「大悲閉關21」，在圓滿日當天，於貢寮區龍門運動公園、石碇溪出海口沙灘舉辦「鷲一起愛地球～植樹、淨灘活動」。
	04/29	靈鷲山臺北講堂舉辦「《大乘妙法蓮華經》經典共修」。
	04/29	靈鷲山桃園講堂於無生道場舉辦「一日禪」及「大悲咒共修」。
	04/29	靈鷲山臺南分院舉辦「《地藏菩薩本願經》經典共修」。
	04/30	靈鷲山臺北講堂一行回山舉辦「齋僧」。
伍月	05/01 ～ 05/29	靈鷲山基隆講堂、桃園講堂每週二分別舉辦「平安禪共修」。
	05/01 ～ 05/22	靈鷲山臺南分院每週二舉辦「《金剛般若波羅蜜經》經典共修暨〈文殊咒〉一百○八遍」。
	05/01 ～ 05/29	靈鷲山高屏講堂每週二舉辦「書法抄經班」。
	05/01 ～ 05/29	靈鷲山蘭陽講堂每週二舉辦「平安禪暨經典共修」。
	05/02 ～ 05/30	靈鷲山基隆講堂每週三舉辦「書法抄經班」及「《大乘妙法蓮華經》經典共修」。
	05/02 ～ 05/30	靈鷲山臺北講堂每週三舉辦「經脈導引」及「平安禪共修」。
	05/02 ～ 05/30	靈鷲山新莊中港中心每週三舉辦「平安禪（九分禪）暨經典共修」。
	05/02 ～ 05/30	靈鷲山樹林中心每週三舉辦「《藥師琉璃光如來本願功德經》經典共修」及「拜願暨平安禪修」。
	05/02 ～ 05/30	靈鷲山桃園講堂、中壢中心每週三分別舉辦「敦煌舞（初階班）」課程。
	05/02 ～ 05/30	靈鷲山臺中講堂每週三舉辦「平安禪共修」。
	05/02 ～ 05/23	靈鷲山臺南分院每週三舉辦「昆達里尼瑜伽」。
	05/02 ～ 05/30	靈鷲山高屏講堂每週三舉辦「經典共修」。
	05/02 ～ 05/23	靈鷲山花蓮共修處每週三舉辦「《金剛般若波羅蜜經》經典共修」。
	05/03	靈鷲山常住法師及護法會西區蓮友等於中壢殯儀館為桃園平鎮工廠大火罹難的消防英雄誦經迴向。
	05/03 ～ 05/31	靈鷲山臺北講堂、嘉義中心每週四分別舉辦「平安禪（禪訓一）」。
	05/03 ～ 05/31	靈鷲山新北分院、樹林中心每週四分別舉辦「平安禪（基礎班）」。
	05/03 ～ 05/31	靈鷲山新莊中港中心每週四舉辦「平安禪共修」。
	05/03 ～ 05/31	靈鷲山桃園講堂每週四舉辦「經典共修」。
	05/03 ～ 05/31	靈鷲山中壢中心、新營共修處每週四分別舉辦「平安禪（進階班）」。
	05/03 ～ 05/31	靈鷲山中壢中心每週四舉辦「敦煌舞」課程。
	05/03 ～ 05/31	靈鷲山臺中講堂每週四舉辦「平安禪（禪訓二）」。
	05/04、08、10	靈鷲山於華藏海大講堂舉辦「職工大悲閉關」（共三梯次）。
	05/04	靈鷲山嘉義中心舉辦「平安禪共修」。
	05/04 ～ 05/25	靈鷲山臺南分院每週五舉辦「平安禪（禪訓三）」。

伍月	05/04 ～ 05/25	靈鷲山高屏講堂每週五舉辦「平安禪（禪訓一）」。
	05/04 ～ 05/25	靈鷲山花蓮共修處每週五舉辦「阿含期初階課程——初轉之法」。
	05/05 ～ 05/13	靈鷲山慈善基金會與臺灣口腔照護協會合作，於緬甸臘戌地區義診。
	05/05 ～ 05/22	靈鷲山下院聖山寺舉辦「佛腳抱抱暨浴佛孝親」活動。
	05/05	靈鷲山基隆講堂、香港佛學會分別啟建「慈悲三昧水懺法會」。
	05/05	靈鷲山臺北講堂一行回山擔任志工。
	05/05	靈鷲山新莊中港中心舉辦「母親節暨公益活動」。
	05/05 ～ 05/26	靈鷲山中壢中心每週六舉辦「敦煌舞」課程。
	05/05 ～ 05/06	靈鷲山樹林中心、嘉義中心舉辦「朝山暨大悲閉關」。
	05/05、05/19	靈鷲山新營共修處舉辦「大悲咒共修」。
	05/06	靈鷲山新竹共修處、花蓮共修處分別啟建「慈悲三昧水懺法會」。
	05/06	靈鷲山臺中講堂啟建「慈悲三昧水懺暨浴佛法會」。
	05/06	靈鷲山臺南分院舉辦「學佛與生活暨水陸聯誼餐會」。
	05/07 ～ 05/28	靈鷲山新北分院每週一舉辦「平安禪共修」及「經典共修」。
	05/07 ～ 05/28	靈鷲山桃園講堂、中壢中心每週一分別舉辦「敦煌舞」課程。
	05/07 ～ 05/28	靈鷲山中壢中心每週一舉辦「經典共修」。
	05/07 ～ 05/28	靈鷲山臺南分院每週一舉辦「禪悅舞」及「昆達里尼瑜伽」。
	05/08 ～ 05/29	靈鷲山新北分院每週二舉辦「花與禪」。
	05/08 ～ 05/29	靈鷲山嘉義中心每週二舉辦「瑜伽班」。
	05/09、05/23	靈鷲山臺中講堂舉辦「大悲咒共修」。
	05/09、05/23	靈鷲山臺南分院舉辦「誦戒會」。
	05/11、05/25	靈鷲山嘉義中心舉辦「《大乘妙法蓮華經》經典共修」。
	05/12	世界宗教博物館舉辦「奇幻精靈劇場——你永遠是我的寶貝」教育活動。
	05/12	靈鷲山基隆講堂與基隆市政府合作舉辦「二〇一八珍愛海洋‧魚樂基隆」活動，於基隆嶼進行淨灘、魚苗放流活動。
	05/12	靈鷲山新北分院、紐約講堂分別舉辦「浴佛節共修」。
	05/12 ～ 05/13	靈鷲山臺南分院舉辦「大悲隨喜眾閉關暨朝禮聖山活動」。
	05/12、05/26	靈鷲山新營共修處舉辦「合唱團」活動。
	05/12 ～ 05/13	靈鷲山新營共修處舉辦「大悲隨喜眾共修」。
	05/13	靈鷲山長老尼道明法師示寂捨報。

	05/13	靈鷲山基隆講堂舉辦「大悲咒共修」。
	05/14	靈鷲山基隆講堂舉辦「誦戒會」。
	05/15、05/29	靈鷲山臺北講堂舉辦「千燈供佛法會」。
	05/15、05/29	靈鷲山新莊中港中心舉辦「初一、十五燃燈供佛」。
	05/15、05/29	靈鷲山樹林中心舉辦「初一、十五佛供暨誦戒會」。
	05/15、05/29	靈鷲山臺中講堂、嘉義中心、臺南分院及高屏講堂分別舉辦「初一、十五佛供」。
	05/15、05/29	靈鷲山臺南分院舉辦「大悲咒共修」。
	05/15、05/29	靈鷲山新營共修處舉辦「初一、十五佛供暨《大乘妙法蓮華經・觀世音菩薩普門品》共修」。
	05/15、05/29	靈鷲山蘭陽講堂舉辦「初一、十五《金剛般若波羅蜜經》共修暨佛供」。
	05/17	靈鷲山常住法師出席桃園市政府於桃園巨蛋體育館舉辦「悼念桃園市0428消防英雄追思會」。
伍	05/17～05/21	靈鷲山龍樹生命和平教育課程（Nagarjuna Education for Peace and Life）於無生道場舉辦「平安禪五」。
	05/18	靈鷲山樹林中心舉辦「一日禪」及「生命關懷課程」。
	05/18	靈鷲山臺南分院舉辦華嚴三聖佛像修復灑淨儀式及浴佛與「佛腳抱抱」活動。
月	05/19	靈鷲山於上院華藏海圓通寶殿舉辦「平安禪（慈心禪）」。
	05/19	靈鷲山於臺北市和平籃球館啟建「第四場水陸先修法會——孔雀明王經暨五大士燄口」，由心道法師親臨主持「愛心贊普・物資捐贈」儀式，陳景峻副市長代表臺北市政府接受物資捐贈。
	05/19	靈鷲山臺南分院舉辦「平安禪共修」及「大悲咒共修」。
	05/19～05/20	靈鷲山高屏講堂舉辦「大悲隨喜眾閉關」。
	05/19～05/20	靈鷲山香港佛學會啟建「法華法會」。
	05/19～05/20	靈鷲山馬來西亞檳城禪修中心舉辦「兒童快樂學佛營」。
	05/20	世界宗教博物館舉辦「絕品的分身術」特展教育活動，邀請岩筆模MB more林仁信老師主講「照相平版工作坊活動」。
	05/20	靈鷲山慈善基金會帶領「貧童脫困計劃」學童於新北貢寮區澳底海邊舉辦「淨灘愛地球・愛和平」活動。
	05/20	靈鷲山基隆講堂一行回山擔任志工。
	05/20	靈鷲山嘉義中心舉辦「大悲咒暨浴佛節共修」，邀請嘉義市市長涂醒哲蒞臨供燈祈福。
	05/20	靈鷲山臺南分院舉辦「《地藏菩薩本願經》經典共修」。
	05/21～06/10	心道法師歐洲弘法行程，首站於奧地利賴歇爾斯貝格（Reichersberg）舉行為期兩天的生命和平大學智庫會議；並於賴歇爾斯貝格修道院（Stift Reichersberg）教授平安禪修。接著前往德國慕尼黑本篤禪修中心（Benediktushof Meditation Center）帶領學員平安禪修。
	05/21	靈鷲山於下院聖山寺為長老尼道明法師舉辦告別追思會。
	05/22	靈鷲山於無生道場及各地講堂舉辦「浴佛節活動」。

	05/23、05/24	靈鷲山於下院聖山寺善法大樓舉辦「同仁宗風共識營（共兩梯次）」。
	05/24、05/31	靈鷲山蘭陽講堂舉辦「阿含期初階課程——初轉之法」。
	05/25～05/27	靈鷲山無生道場舉辦「平安禪三（基礎班）」。
	05/26	世界宗教博物館舉辦「奇幻精靈劇場——鱷魚艾倫又大又可怕的牙齒」教育活動。
伍	05/26	靈鷲山慧命成長學院於臺北市中崙高中舉辦「心寧靜～作自己情緒的主人」研習單日研習營（北區）。
	05/26	靈鷲山國際青年團於靈鷲山新北分院及慧命教室舉辦「營的力量二」系列課程。
	05/26	靈鷲山新莊中港中心舉辦「大悲咒共修」。
	05/26～05/27	靈鷲山臺南分院於無生道場舉辦「朝聖之旅暨大朝山」。
月	05/27	世界宗教博物館舉辦「絕品的分身術」特展教育活動，邀請玩印工作室主講「感光製版絹印工作坊」。
	05/27	靈鷲山基隆講堂舉辦「一日禪」。
	05/27	靈鷲山泰國禪修中心舉辦「水陸學習探索營」，禮請靈鷲山護法會秘書長寶月法師講授。
	05/28～06/20	靈鷲山三乘佛學院開設「南傳專題課程」，禮請緬甸仰光全國上座部佛教巴利大學校長鳩摩羅尊者（Bhaddanta Kumara）及教務主任Ashin Therasabha為僧眾授課。
	05/30～06/03	靈鷲山臺南分院啟建「梁皇寶懺法會」。
	05/30	靈鷲山花蓮共修處舉辦「大悲咒共修」。
	05/31～07/19	靈鷲山蘭陽講堂每週四舉辦「平安禪（進階班）」。
	06/01～07/20	靈鷲山與新北市貢寮區老人公托中心合作舉辦為期一個多月的「銀髮禪修課」。
	06/01	靈鷲山弄曼大善園寺沙彌學院舉辦開學典禮。
	06/01～06/29	靈鷲山樹林中心每週五舉辦「生命關懷課程」。
	06/01	靈鷲山嘉義中心舉辦「禪修共修」。
陸	06/01～06/03	靈鷲山臺南分院啟建「梁皇寶懺法會」。
	06/01～06/15	靈鷲山高屏講堂每週五舉辦「平安禪（禪訓一）」。
	06/01～06/22	靈鷲山花蓮共修處每週五舉辦「阿含期初階課程——初轉之法」。
	06/02～06/03	靈鷲山護法會於下院聖山寺善法大樓舉辦「委員成長營」。
	06/02	靈鷲山慧命成長學院於高雄市鳳陽國小舉辦「心寧靜～作自己情緒的主人」研習單日研習營（南區）。
月	06/02	靈鷲山寂光寺啟建「地藏法會暨瑜伽燄口法會」。
	06/02	靈鷲山基隆講堂、香港佛學會分別啟建「慈悲三昧水懺法會」。
	06/02	靈鷲山臺北講堂舉辦「大悲咒共修」。
	06/02～06/23	靈鷲山中壢中心每週六舉辦「敦煌舞」課程。
	06/02	靈鷲山高屏講堂舉辦「百萬大悲咒共修」。

	06/03	靈鷲山新北分院、新莊中港中心、樹林中心、臺中講堂及嘉義中心分別啟建「慈悲三昧水懺法會」。
	06/03	靈鷲山臺北講堂舉辦「企業一日禪」活動。
	06/03	靈鷲山蘭陽講堂舉辦「大悲咒共修」。
	06/04～06/25	靈鷲山新北分院每週一舉辦「平安禪修」及「經典共修」。
	06/04～06/25	靈鷲山桃園講堂、中壢中心每週一分別舉辦「敦煌舞」課程。
	06/04～06/25	靈鷲山臺南分院每週一舉辦「禪悅舞」及「昆達里尼瑜伽」。
	06/05～06/26	靈鷲山臺北講堂、桃園講堂每週二舉辦「平安禪共修」。
	06/05～06/26	靈鷲山新北分院每週二舉辦「花與禪」課程。
	06/05～06/26	靈鷲山中壢中心每週二舉辦「《大乘妙法蓮華經》經典共修」。
	06/05～06/26	靈鷲山嘉義中心每週二舉辦「瑜伽班」。
	06/05～06/26	靈鷲山臺南分院每週二舉辦「《金剛般若波羅蜜經》共修暨〈文殊咒〉一百〇八遍」。
	06/05～06/26	靈鷲山高屏講堂每週二舉辦「書法抄經班」。
陸	06/06～06/27	靈鷲山基隆講堂每週三舉辦「書法抄經班」及「《大乘妙法蓮華經》經典共修」。
	06/06～06/27	靈鷲山臺北講堂每週三舉辦「經脈導引」及「平安禪共修」。
	06/06～06/27	靈鷲山新莊中港中心每週三舉辦「平安禪暨經典共修」。
	06/06～06/27	靈鷲山樹林中心每週三舉辦「《藥師琉璃光如來本願功德經》經典共修」及「拜願暨平安禪修」。
	06/06～06/27	靈鷲山桃園講堂、中壢中心每週三分別舉辦「敦煌舞」課程。
月	06/06～06/20	靈鷲山臺中講堂舉辦「平安禪共修」。
	06/06～06/27	靈鷲山臺南分院每週三舉辦「昆達里尼瑜伽」。
	06/06～06/27	靈鷲山高屏講堂每週三舉辦「經典共修」。
	06/06～06/27	靈鷲山花蓮共修處每週三舉辦「《金剛般若波羅蜜經》經典共修」。
	06/07	靈鷲山基隆講堂舉辦「平安禪修（禪訓一）」。
	06/07～06/28	靈鷲山樹林中心每週四舉辦「《大方廣佛華嚴經・普賢行願品》經典共修」。
	06/07～06/28	靈鷲山桃園講堂每週四舉辦「經典共修」。
	06/07～06/28	靈鷲山中壢中心每週四舉辦「平安禪共修」及「敦煌舞」課程。
	06/07、06/14	靈鷲山新營共修處舉辦「平安禪（進階禪訓）」。
	06/07～06/28	靈鷲山蘭陽講堂每週四舉辦「平安禪共修」。
	06/07～06/08	靈鷲山馬來西亞吉隆坡中心舉辦「第六屆國際哈佛青年營（前行）」。
	06/08～06/29	靈鷲山嘉義中心每週五舉辦「《大乘妙法蓮華經》經典共修」。
	06/08	靈鷲山臺南分院舉辦「平安禪（禪訓三）」。

	06/09	靈鷲山護法會於下院聖山寺善法大樓舉辦「委員成長營」。
	06/09 ～ 06/11	靈鷲山國際青年團於馬來西亞吉隆坡Hawa Resort Janda Baik舉辦「第六屆國際哈佛青年營（馬來西亞地區）」。
	06/09	靈鷲山慧命成長學院舉辦「心寧靜單日研習營」。
	06/09	靈鷲山於貢寮區石碇溪出海口舉辦「淨灘愛地球‧愛和平」活動。
	06/09	靈鷲山臺南分院舉辦「平安禪修」及「大悲咒共修」。
	06/09、09/23	靈鷲山新營共修處舉辦「合唱團」活動。
	06/10	靈鷲山護法會於臺南分院舉辦「委員成長營」。
	06/10	靈鷲山基隆講堂舉辦「大悲咒共修」。
	06/10	靈鷲山臺北講堂一行回山擔任志工。
	06/10	靈鷲山新北分院舉辦「一日禪」。
	06/10	靈鷲山桃園講堂、樹林中心及高屏講堂分別啟建「慈悲三昧水懺法會」。
陸	06/11	靈鷲山於下院聖山寺善法大樓五觀堂舉辦「二〇一八第一場齋僧法會」。
	06/11	靈鷲山基隆講堂舉辦「誦戒會」。
	06/12 ～ 06/26	靈鷲山基隆講堂每週二舉辦「平安禪共修」。
	06/12 ～ 06/26	靈鷲山蘭陽講堂每週二舉辦「平安禪暨經典共修」。
月	06/13、06/27	靈鷲山臺中講堂舉辦「大悲咒共修」。
	06/13、06/27	靈鷲山臺南分院每週三舉辦「誦戒會」。
	06/14、06/28	靈鷲山臺北講堂舉辦「千燈供佛法會」。
	06/14、06/28	靈鷲山新莊中港中心舉辦「初一、十五燃燈供佛」。
	06/14、06/28	靈鷲山樹林中心舉辦「初一、十五佛供暨誦戒會」。
	06/14、06/28	靈鷲山嘉義中心、臺南分院及高屏講堂分別舉辦「初一、十五佛供」。
	06/14、06/28	靈鷲山臺南分院舉辦「大悲咒共修」。
	06/14、06/28	靈鷲山新營共修處舉辦「初一、十五佛供暨《大乘妙法蓮華經‧觀世音菩薩普門品》共修」。
	06/14、06/28	靈鷲山蘭陽講堂舉辦「初一、十五《金剛般若波羅蜜經》共修暨佛供」。
	06/15 ～ 06/17	靈鷲山於上院華藏海圓通寶殿舉辦「平安禪三（有機蔬菜汁斷食）」。
	06/15 ～ 06/17	靈鷲山馬來西亞柔佛中心舉辦「阿含期初階課程——初轉之法」。
	06/15 ～ 06/18	心道法師於新加坡樟宜灣酒店教授平安禪修，並會見當地信眾。
	06/16	靈鷲山基隆講堂一行回山擔任志工。
	06/16	靈鷲山臺北講堂啟建「慈悲三昧水懺法會」。

	06/17	世界宗教博物館舉辦「跟著印尼朋友過開齋節：一個認識穆斯林文化與生活的好機會」教育推廣活動。
	06/17	靈鷲山基隆講堂於無生道場舉辦「一日禪」。
	06/17	靈鷲山新營共修處舉辦「一日禪」。
	06/17	靈鷲山高屏講堂、花蓮共修處分別啟建「慈悲三昧水懺法會」。
	06/17	靈鷲山泰國禪修中心舉辦「平安禪（基礎班）」。
	06/23	世界宗教博物館生命和平多元空間舉辦開幕儀式，並與印度臺北協會合作「慈悲之路：佛教聖地和藝術遺產——本諾伊・貝爾攝影展」。
	06/23 ～ 06/24	靈鷲山基隆講堂、臺北講堂、新莊中港中心、桃園講堂、臺中講堂、嘉義中心及高屏講堂回山參加「週年慶暨朝山活動」。
	06/23	靈鷲山新北分院、中壢中心分別舉辦「大悲咒共修」。
	06/23	靈鷲山桃園講堂舉辦「禪修暨大悲咒共修」。
	06/23	泰國老虎洞隆波讀念長老第十度來山，與心道法師會面。
陸	06/24	靈鷲山於上下院及各地講堂舉辦「靈鷲山開山三十五週年慶祝活動」，活動包括大朝山、經典共修、手路菜園遊會、青年團活力演出以及印度婆羅多舞蹈表演等活動。
	06/24	印度臺北協會假靈鷲山下院聖山寺舉辦「第四屆國際瑜伽日」，超過二百位瑜伽老師及愛好者藉由禪修及瑜伽的雙重體驗，與自己的內心、身體對話。
	06/24	靈鷲山於下院聖山寺善法大樓舉辦「第五場水陸先修法會——大悲觀音普門品暨度亡法會」。
	06/24	靈鷲山臺南分院舉辦「《地藏菩薩本願經》經典共修」。
月	06/24	靈鷲山紐約道場啟建「慈悲三昧水懺法會」。
	06/26	世界宗教博物館舉辦「信俗文化資源交流中心成立暨歷代福建方志致贈典禮」，福建萬祥圖書館創辦人暨館長蔡友平致贈歷代福建各地方志給宗博館。
	06/29 ～ 07/15	心道法師東南亞弘法行，首站於馬來西亞檳城植物公園舉辦「第三屆千人平安禪暨音樂會」，並於吉隆坡帶領「平安禪三」；之後前往柔佛主持「柔佛中心新建工程動土典禮」，並啟建「《藥師琉璃光如來本願功德經》與三時繫念法會」。
	06/29	世界宗教博物館舉辦「山・靈・敬——回返祖靈智慧的人間淨土特展」教育活動，邀請花蓮縣阿美族里漏部落Sikawasay（祭師團體）主持「傳統儀式：除穢祭」。
	06/29 ～ 07/01	靈鷲山泰國禪修中心舉辦「阿含期初階課程——初轉之法」。
	06/29 ～ 06/30	靈鷲山於無生道場舉辦「四季禪食」綠禪食系列課程，邀請馬來西亞熱帶正食發起人林孝雲居士主講。
	06/30 ～ 10/07	世界宗教博物館舉辦「山・靈・敬——回返祖靈智慧的人間淨土特展」，展出十六位重量級原住民當代藝術家作品，呈現以大自然靈性為主軸的創作意涵。
	06/30	靈鷲山護法會於臺北講堂舉辦「新進志工教育訓練（北場）」。
	06/30	靈鷲山高屏講堂舉辦「一日禪」。
	06/30	靈鷲山花蓮共修處舉辦「大悲咒共修」。
	06/30	靈鷲山蘭陽講堂啟建「慈悲三昧水懺法會」。

	07/01	靈鷲山護法會於臺南分院舉辦「新進志工教育訓練課程（南場）」。
	07/01	靈鷲山臺北講堂於上院華藏海圓通寶殿舉辦「一日禪」。
	07/01	靈鷲山新北分院啟建「慈悲三昧水懺法會」。
	07/01	靈鷲山樹林中心、蘭陽講堂分別舉辦「大悲咒共修」。
	07/01	靈鷲山嘉義中心舉辦「平安禪共修」。
	07/02 ～ 07/04	心道法師前往馬來西亞弘法，於靈鷲山吉隆坡中心帶領「平安禪三」。
	07/02	靈鷲山於下院聖山寺善法大樓五觀堂舉辦「第二場水陸齋僧法會」。
	07/02 ～ 07/30	靈鷲山新北分院每週一舉辦「平安禪（九分禪）」及「經典共修」。
	07/02 ～ 07/30	靈鷲山桃園講堂、中壢中心於每週一分別舉辦「敦煌舞」課程。
	07/02 ～ 07/30	靈鷲山臺南分院每週一舉辦「禪悅舞」課程。
	07/02 ～ 07/16	靈鷲山臺南分院每週一舉辦「昆達里尼瑜伽」課程。
柒	07/03 ～ 07/31	靈鷲山基隆講堂、臺北講堂及桃園講堂每週二分別舉辦「平安禪修」。
	07/03 ～ 07/31	靈鷲山新北分院每週二舉辦「花與禪」課程。
	07/03 ～ 07/31	靈鷲山中壢中心每週二舉辦「《大乘妙法蓮華經》經典共修」。
	07/03 ～ 07/31	靈鷲山臺南分院每週二舉辦「《金剛般若波羅蜜經》經典共修暨〈文殊咒〉一百〇八遍」。
月	07/03 ～ 07/31	靈鷲山高屏講堂每週二舉辦「書法抄經班」。
	07/03 ～ 07/31	靈鷲山蘭陽講堂每週二舉辦「平安禪暨經典共修」。
	07/04 ～ 07/25	靈鷲山基隆講堂每週三舉辦「書法抄經班」、「《大乘妙法蓮華經》經典共修」。
	07/04 ～ 07/25	靈鷲山臺北講堂每週三舉辦「經脈導引」、「平安禪共修」。
	07/04 ～ 07/25	靈鷲山新莊中港中心每週三舉辦「平安禪（九分禪）暨經典共修」。
	07/04 ～ 07/25	靈鷲山樹林中心每週三舉辦「拜願暨平安禪修」。
	07/04 ～ 07/25	靈鷲山桃園講堂、中壢中心每週三分別舉辦「敦煌舞（初階）」課程。
	07/04、07/18	靈鷲山臺中講堂舉辦「平安禪共修」。
	07/04、07/11	靈鷲山臺南分院舉辦「昆達里尼瑜伽」課程。
	07/04、11、18	靈鷲山花蓮共修處每週三舉辦「《金剛般若波羅蜜經》經典共修」。
	07/05 ～ 07/26	靈鷲山樹林中心每週四舉辦「《藥師琉璃光如來本願功德經》暨《大乘妙法蓮華經・觀世音菩薩普門品》經典共修」。
	07/05 ～ 07/26	靈鷲山桃園講堂、高屏講堂每週四分別舉辦「經典共修」。
	07/05 ～ 07/26	靈鷲山中壢中心每週四舉辦「平安禪共修」、「敦煌舞」課程。
	07/05 ～ 07/26	靈鷲山嘉義中心每週四舉辦「瑜伽班」。

	07/06 ～ 07/08	靈鷲山榮譽董事會於苗栗巧克力雲莊舉辦「快樂大學習——阿含進階體驗營：無我之道」，隔天前往法雲禪寺舉辦「尋根之旅」。
	07/06 ～ 07/08	靈鷲山慧命成長學院於無生道場舉辦第十三屆「心寧靜～情緒管理教學」三日教師研習營。
	07/06 ～ 07/08	靈鷲山新莊中港中心舉辦「兒童快樂學佛營——跟著悉達多來尋寶」。
	07/06 ～ 07/27	靈鷲山樹林中心每週五舉辦「生命關懷課程」。
	07/06 ～ 07/20	靈鷲山臺南分院每週五舉辦「平安禪共修」。
	07/06 ～ 07/27	靈鷲山高屏講堂每週五舉辦「平安禪共修」。
	07/06 ～ 07/27	靈鷲山花蓮共修處每週五舉辦「梵唄練習」。
	07/07 ～ 07/10	心道法師東南亞弘法行，於馬來西亞柔佛舉辦《藥師琉璃光如來本願功德經》經典共修暨啟建「三時繫念法會」，並主持「柔佛中心新建工程動土典禮」。
	07/07 ～ 07/08	靈鷲山於無生道場舉辦「禪法工培訓課程（進階）」。
	07/07	靈鷲山基隆講堂啟建「慈悲三昧水懺法會」。
	07/07	靈鷲山臺北講堂一行回山「擔任志工」。
柒	07/07 ～ 07/08	靈鷲山臺北講堂舉辦「生活禪少年夏令營」。
	07/07 ～ 07/28	靈鷲山桃園講堂每週六舉辦「平安禪（基礎密集班）」。
	07/07 ～ 07/28	靈鷲山中壢中心每週六舉辦「敦煌舞」。
	07/07	靈鷲山臺南分院舉辦「委員儲委聯誼」。
月	07/07、07/21	靈鷲山新營共修處舉辦「大悲咒共修」。
	07/07	靈鷲山高屏講堂舉辦「百萬大悲咒共修」。
	07/07	靈鷲山花蓮共修處舉辦「戶外親子禪」。
	07/08	靈鷲山基隆講堂啟建「慈悲三昧水懺法會」。
	07/08	靈鷲山基隆講堂、臺中講堂分別舉辦「快樂親子禪」。
	07/08 ～ 07/29	靈鷲山嘉義中心每週日舉辦「《大乘妙法蓮華經》經典共修」。
	07/08	靈鷲山臺南分院舉辦「平安禪共修」。
	07/08	靈鷲山高屏講堂舉辦「一日禪」。
	07/08	靈鷲山花蓮共修處啟建「慈悲三昧水懺法會」。
	07/09	靈鷲山基隆講堂舉辦「誦戒會」。
	07/11 ～ 07/14	心道法師東南亞弘法行，於印尼雅加達中心舉辦「《藥師琉璃光如來本願功德經》經典共修」，並傳授觀音法門。
	07/11 ～ 07/12	靈鷲山國際青年團於下院聖山寺舉辦「第六屆國際哈佛青年營」（前行）。
	07/11、07/25	靈鷲山臺中講堂舉辦「大悲咒共修」。

07/11	靈鷲山嘉義中心舉辦「手工皂課程」。
07/11、07/25	靈鷲山臺南分院舉辦「誦戒會」。
07/12	靈鷲山受新北市政府邀請出席「當我們老在一起・銀髮族LINE社群」升級記者會,並提供靈鷲山觀音籤詩線上求籤服務,協助長者生活及心靈所需。
07/13～07/22	靈鷲山於無生道場舉辦「進階平安禪十」。
07/13～07/15	靈鷲山國際青年團於下院聖山寺舉辦「第六屆國際哈佛青年營」(臺灣區)。
07/13、07/27	靈鷲山臺北講堂舉辦「千燈供佛法會」。
07/13、07/27	靈鷲山新莊中港中心舉辦「初一、十五燃燈供佛」。
07/13、07/27	靈鷲山樹林中心舉辦「初一、十五佛供暨誦戒」。
07/13、07/27	靈鷲山嘉義中心舉辦「初一、十五佛供」。
07/13、07/27	靈鷲山臺南分院舉辦「初一、十五佛供」。
07/13	靈鷲山臺南分院舉辦「大悲咒共修」。
07/13、07/26	靈鷲山新營共修處舉辦「《大乘妙法蓮華經》經典共修」。
07/13、07/27	靈鷲山新營共修處舉辦「初一、十五佛供暨《大乘妙法蓮華經・觀世音菩薩普門品》共修」。
07/13、07/27	靈鷲山高屏講堂舉辦「初一、十五佛供」。
07/13、07/27	靈鷲山蘭陽講堂舉辦「初一、十五《金剛般若波羅蜜經》共修暨佛供」。
07/14～07/15	靈鷲山於無生道場舉辦「樂活親子禪」。
07/14	世界宗教博物館舉辦「奇幻精靈劇場:一隻有教養的狼」。
07/14	靈鷲山基隆講堂一行回山擔任志工及舉辦「大悲咒共修」。
07/14～07/22	靈鷲山新北分院、樹林中心及桃園講堂於每週六、日分別舉辦「平安禪(基礎密集班)」。
07/14	靈鷲山臺中講堂舉辦「水陸聯誼會」。
07/14	靈鷲山高屏講堂舉辦「水陸推廣課程」。
07/15	世界宗教博物館舉辦「山・靈・敬──回返祖靈智慧的人間淨土」專題演講,邀請東華大學族群關係與文化學系副教授巴奈・母路主講「不得不上路」。
07/15	靈鷲山基隆講堂舉辦「大悲咒共修」。
07/15	靈鷲山臺北講堂舉辦「水陸前行功課」。
07/15	靈鷲山桃園講堂舉辦「委員、儲委朝山暨尋根之旅」。
07/16～08/06	心道法師於上院無生道場十一面觀音進行「水陸二十一日閉關」。
07/20～07/22	靈鷲山於北京沐合苑舉辦「阿含期進階課程──無我之道」。
07/21	靈鷲山臺北講堂舉辦「《大乘妙法蓮華經》經典共修」。
07/21	靈鷲山新北分院、中壢中心分別舉辦「大悲咒共修」。

柒

月

柒月	07/21～07/22	靈鷲山高屏講堂舉辦「寧靜親子禪」。
	07/21～07/22	靈鷲山泰國禪修中心舉辦「平安禪二（密集班）」，禮請靈鷲山功德主總會總秘書長妙用法師帶領平安禪修。
	07/22	靈鷲山基隆講堂、嘉義中心分別舉辦「一日禪」。
	07/22	靈鷲山臺中講堂舉辦「兒童快樂學佛營——跟著悉達多來尋寶」。
	07/22	靈鷲山臺南分院舉辦「《地藏菩薩本願經》經典共修」。
	07/22	靈鷲山蘭陽講堂舉辦「平安禪共修」。
	07/25	靈鷲山於桃園市政府舉辦「靈鷲山第二十五屆水陸空大法會暨生命和平音樂會」記者會，為靈鷲山水陸法會首度結合多元音樂饗宴，傳遞生命和解共生的真諦。
	07/25～07/27	靈鷲山慧命成長學院於無生道場舉辦「教育領導生活禪體驗營」，邀請小學以上校長共同體驗心寧靜的聲音。
	07/25	靈鷲山花蓮共修處舉辦「大悲咒共修」。
	07/27～07/29	靈鷲山臺南分院舉辦「兒童快樂學佛營——跟著悉達多來尋寶」。
	07/28	世界宗教博物館舉辦「奇幻精靈劇場：敵人派」教育活動。
	07/28	世界宗教博物館舉辦「奇幻精靈劇場：回憶光年」教育活動。
	07/28	靈鷲山新莊中港中心、桃園講堂分別舉辦「大悲咒共修」。
	07/28	靈鷲山香港佛學會啟建「慈悲三昧水懺法會」。
	07/29	世界宗教博物館舉辦「山·靈·敬——回返祖靈智慧的人間淨土」創意工作坊，邀請泰雅伊娜原住民工作坊負責人梁秀娟教授「原民風環保飲料提袋」。
	07/29～09/30	世界宗教博物館舉辦「觀音緣·無盡藏，觀音緣·普世之光——百八觀音與林健成先生紀念特展」，展示靈鷲山自二〇一二年邀請唐卡畫家昆桑切培喇嘛繪製一百〇八幅唐卡，工藝大師林健成老師製作一百〇八尊彩銅雕塑，歷時六年完成之過程。
	07/29～08/18	靈鷲山於緬甸臘戌進行「緬甸華校幼兒教育班研習計劃」。
	07/29	靈鷲山基隆講堂一行回山擔任志工。
	07/31	靈鷲山於觀音菩薩成道日（農曆六月十九日）舉辦「觀音三會大朝山」。
	07/31	世界宗教博物館結合生命和平多元空間舉辦「生命和平慈善茶會」，以視覺、聽覺、嗅覺、味覺、觸覺等五感體驗博物館豐富的生命教育意涵。
	07/31	靈鷲山嘉義中心於觀音菩薩成道日（農曆六月十九日）舉辦「《大乘妙法蓮華經·觀世音菩薩普門品》暨〈大悲咒〉及佛供共修」。
捌月	08/01、22、29	靈鷲山基隆講堂舉辦「書法抄經班」。
	08/01、22、29	靈鷲山臺北講堂舉辦「經脈導引」、「平安禪共修」。
	08/01、08/29	靈鷲山樹林中心舉辦「拜願暨平安禪修」。
	08/01～08/29	靈鷲山中壢中心每週三舉辦「敦煌舞」課程。

	08/01、15、29	靈鷲山臺中講堂舉辦「平安禪共修」。
	08/02	靈鷲山無生道場、聖山寺分別榮獲新北市政府舉辦「一〇七年度績優宗教團體表揚──社會教化獎」。
	08/02、08/03	世界宗教博物館於生命和平多元空間放空室舉辦「〈楞嚴咒〉一百〇八遍共修」，共兩場。
	08/02、08/30	靈鷲山樹林中心舉辦「《大乘妙法蓮華經・觀世音菩薩普門品》暨《藥師琉璃光如來本願功德經》經典共修」。
	08/02、23、30	靈鷲山中壢中心舉辦「平安禪共修」。
	08/02～08/30	靈鷲山中壢中心每週四舉辦「敦煌舞」課程。
	08/02、16、23、30	靈鷲山新營共修處舉辦「平安禪（進階禪訓）」。
	08/02、23、30	靈鷲山高屏講堂舉辦「經典共修」。
	08/03～08/05	靈鷲山於上院華藏海圓通寶殿舉辦「平安禪三」。
	08/03、17、24、31	靈鷲山樹林中心舉辦「生命關懷課程」。
捌	08/03	靈鷲山嘉義中心舉辦「禪修共修」。
	08/03、17、24	靈鷲山臺南分院舉辦「平安禪共修」。
	08/03、24、31	靈鷲山高屏講堂舉辦「平安禪共修」。
	08/04、18、25	靈鷲山中壢中心舉辦「敦煌舞」課程。
月	08/04、08/18	靈鷲山新營共修處舉辦「大悲咒共修」。
	08/04	靈鷲山高屏講堂舉辦「百萬大悲咒共修」。
	08/05	靈鷲山蘭陽講堂舉辦「大悲咒共修」。
	08/06、13、20、27	靈鷲山中壢中心舉辦「敦煌舞」課程。
	08/06、20、27	靈鷲山臺南分院舉辦「禪悅舞」課程。
	08/07、21、28	靈鷲山臺南分院舉辦「《金剛般若波羅蜜經》經典共修暨〈文殊咒〉一百〇八遍」。
	08/07、21、28	靈鷲山高屏講堂舉辦「書法抄經班」。
	08/07	靈鷲山蘭陽講堂舉辦「平安禪暨《大方廣佛華嚴經》經典共修」。
	08/08～08/16	靈鷲山第二十五屆水陸空大法會暨生命和平音樂會於桃園巨蛋體育館啟建，法會以「觀音共會、宗教共願」為主軸，擴大舉辦宗教聯合祈福會。邀請北部十八間觀音廟宇共二十五尊觀音神尊共聚聖會，體悟觀音應境隨緣、度化眾生的慈悲。今年首度邀請緬甸國家最高教育班智達大師僧伽法庭庭長及總秘書長班迪達比溫達大師等多位高僧來臺，在水陸齋僧法會、南傳羅漢壇主法；以及現任藏傳寧瑪派第七任掌教教主及噶陀傳承黃金五法座之一的格澤法王蒞臨法會現場。
	08/08	新竹縣邱鏡淳縣長參觀世界宗教博物館，觀賞「觀音緣・無盡藏，觀音緣・普世之光──百八觀音與林健成先生紀念特展」。

	08/08	緬甸國家最高教育班智達大師僧伽法庭庭長及總秘書長班迪達比溫達大師等多位高僧參觀世界宗教博物館，觀賞「觀音緣・無盡藏，觀音緣・普世之光——百八觀音與林健成先生紀念特展」，並前往靈鷲山下院聖山寺禮拜百八觀音。
	08/08、08/22	靈鷲山臺中講堂舉辦「大悲咒共修」。
	08/09	靈鷲山水陸空大法會啟建期間，靈鷲山國際青年團於桃園巨蛋體育館舉辦「與師有約同學會・師父我該怎麼辦」。
	08/09	天主教國際明愛會秘書長Michel Roy伉儷及宗教與和平協進會秘書長陳世賢伉儷參觀世界宗教博物館。
	08/10	靈鷲山水陸空大法會啟建期間，禮請緬甸仰光全國上座部佛教巴利大學校長鳩摩羅尊者（Bhaddanta Kumara）主持八關齋戒。
	08/10	靈鷲山水陸空大法會啟建期間，全球心寧靜教師團成員於桃園巨蛋體育館舉辦「水陸與師有約」。
	08/11	世界宗教博物館舉辦奇幻精靈劇場——「怕浪費的奶奶」教育活動。
	08/11	世界宗教博物館舉辦「山・靈・敬——回返祖靈智慧的人間淨土特展」說故事活動，邀請宗博志工飛飛老師及柚子老師主講《生態保育故事Ｉ》。
捌	08/11、08/25	靈鷲山嘉義中心、高屏講堂分別舉辦「初一、十五佛供」。
	08/11、08/25	靈鷲山臺南分院舉辦「初一、十五佛供」及「大悲咒共修」。
	08/11、08/25	靈鷲山新營共修處舉辦「初一、十五佛供暨《大乘妙法蓮華經・觀世音菩薩普門品》共修」。
	08/11、08/12	靈鷲山水陸空大法會啟建期間，心道法師於桃園巨蛋體育館為大眾舉行「皈依儀式」，共兩場。
月	08/12	靈鷲山水陸空大法會啟建期間，靈鷲山榮譽董事會於桃園巨蛋體育館舉辦「榮董水陸捻香暨與師有約」。
	08/13	靈鷲山水陸空大法會啟建期間，為當日衛生福利部臺北醫院大火罹難者，增設罹難亡靈公益牌位。
	08/13	靈鷲山水陸空大法會啟建期間，啟建齋僧法會禮請緬甸國家最高教育班智達大師僧伽法庭庭長及總秘書長班迪達比溫達大師主法，水陸法會各壇法師、南傳羅漢壇比丘、密壇喇嘛等百餘位法師前來應供。
	08/14	靈鷲山水陸空大法會啟建期間，靈鷲山於桃園巨蛋體育館舉辦「愛心贊普捐贈儀式」，與桃園地區四十四個弱勢團體，以及四千六百六十戶有需要的家庭結緣。
	08/16	靈鷲山於桃園巨蛋體育館舉辦「第二屆生命和平音樂會」，這是靈鷲山水陸法會首度結合現代多元的音樂，傳遞生命和解共生的真諦。
	08/16～08/18	緬甸前國防部指揮將軍昂丹突（Aung Than Htut）、撣邦議員、仰光洽滅貢葉戒女院院長——朵舍嘎瓦抵以及多位靈鷲山海外信眾，參訪世界宗教博物館。
	08/16	新加坡宗教對談會代表、國家社會及家庭發展部Shahrany女士，及錫克教、道教城隍基金會代表，參觀世界宗教博物館。
	08/17	靈鷲山榮譽董事會葉聲西副總會長闔家，蒞臨參觀世界宗教博物館，於感念牆拓印手印留念。葉副總會長繼二〇一六年護持「兒童展區——愛的星球」修繕後，未來會持續護持「幸福教育多功能中心」之建置。
	08/17、08/31	靈鷲山嘉義中心舉辦「《大乘妙法蓮華經》經典共修」。
	08/18～08/20	靈鷲山於上院華藏海圓通寶殿舉辦「平安禪三」。
	08/19	靈鷲山臺北講堂舉辦「一日禪」。

	08/19	靈鷲山臺南分院舉辦「《地藏菩薩本願經》經典共修」。
	08/20 ～ 10/30	靈鷲山慧命成長學院於永和慧命教室舉辦「《大方廣佛華嚴經》共讀課程」，邀請曹郁美教授主講。
	08/20	靈鷲山基隆講堂舉辦「誦戒會」。
	08/20	靈鷲山臺北講堂回山舉辦「齋僧」。
	08/20、08/27	靈鷲山桃園講堂舉辦「敦煌舞」課程。
	08/21、08/24	靈鷲山與新北市消防局合作，分別於上院無生道場及下院聖山寺善法大樓舉辦一〇七年度暑期兒童消防夏令營「夏日饗宴——發爾麵 How Fun」活動，共兩梯次。
	08/21、08/27	靈鷲山新北分院舉辦「平安禪（九分禪）」及「經典共修」。
	08/21、08/28	靈鷲山臺北講堂、桃園講堂分別舉辦「平安禪共修」。
	08/21、08/28	靈鷲山中壢中心舉辦「《大乘妙法蓮華經》經典共修」。
	08/22、08/29	靈鷲山新莊中港中心舉辦「平安禪（九分禪）暨經典共修」。
	08/22、08/29	靈鷲山桃園講堂舉辦「敦煌舞（初階）」課程。
	08/22	靈鷲山花蓮共修處舉辦「《金剛般若波羅蜜經》經典共修」。
捌	08/23、08/30	靈鷲山桃園講堂舉辦「經典共修」。
	08/24 ～ 08/26	心道法師前往中國弘法，主持上海合川空間開光儀式，並參訪上海玉佛禪寺，拜會中國佛教協會副會長、玉佛寺方丈覺醒大和尚，以及寺務處主任長春法師。
	08/24	新竹縣政府教育處劉明超處長率局處同仁參訪世界宗教博物館，並與館方交流「兒童館——愛的星球」規劃與設計。
月	08/24	靈鷲山花蓮共修處舉辦「梵唄練習」。
	08/25	世界宗教博物館舉辦「奇幻精靈劇場——小豬別哭啦」教育活動。
	08/25	靈鷲山臺北講堂舉辦「千燈供佛法會」。
	08/25 ～ 08/26	靈鷲山新北分院B區會舉辦「兒童快樂學佛營——跟著悉達多來尋寶」。
	08/25	靈鷲山新北分院與當地社區舉辦「慶讚中元普渡法會」。
	08/25	靈鷲山新莊中港中心舉辦「初一、十五燃燈供佛」、「大悲咒共修」。
	08/25	靈鷲山樹林中心舉辦「初一、十五佛供暨誦戒會」。
	08/25	靈鷲山桃園講堂舉辦「平安禪暨大悲咒共修」。
	08/25	靈鷲山中壢中心舉辦「大悲咒共修」。
	08/25	靈鷲山臺南分院舉辦「《地藏菩薩本願經》經典共修」。
	08/25	靈鷲山高屏講堂舉辦「初一、十五佛供」。
	08/26	世界宗教博物館舉辦「山・靈・敬——回返祖靈智慧的人間淨土特展」創意工作坊，邀請好攸光刻所講師教「幻彩萬花筒DIY」。
	08/26	靈鷲山臺北講堂一行回山擔任志工。

捌月	08/26	靈鷲山新莊中港中心舉辦「樂活親子禪」。
	08/26	靈鷲山臺南分院舉辦「普仁學子回娘家」。
	08/26	靈鷲山馬來西亞檳城禪修中心、紐約道場分別啟建「慈悲三昧水懺法會」。
	08/27	靈鷲山三乘佛學院於上院華藏海大講堂舉辦僧眾課程「環保專題講座」，禮請國立臺灣師範大學環境教育研究所葉欣誠所長主講。
	08/28	世界宗教博物館結合生命和平多元空間舉辦「生命和平慈善茶會」，以視覺、聽覺、嗅覺、味覺、觸覺等五感體驗博物館豐富的生命教育意涵。
	08/29 ～ 09/02	靈鷲山於下院聖山寺舉辦龍樹生命和平教育課程（Nagarjuna Education for Peace and Life）。
	08/29	靈鷲山花蓮共修處舉辦「大悲咒共修」。
	08/30	心道法師帶領靈鷲山宗委法師一行，前往高雄佛光山向星雲大師祝壽。
	08/30 ～ 08/31	靈鷲山於上院華藏海圓通寶殿舉辦「平安禪二（進階）」。
	08/30	靈鷲山受法務部法醫研究所所長涂達人請託，由大良法師率領常住法師及五十位蓮友代表前往臺北市第二殯儀館，為法醫研究所四千〇一十七名超過二年無人領回的臟器檢體舉行超薦法會，誦經祝禱。
	08/31	靈鷲山佛教基金會、世界宗教博物館發展基金會獲得內政部頒發「宗教公益獎」殊榮。
玖月	09/01 ～ 12/31	世界宗教博物館舉辦「2300萬人的幸福學堂計劃——校園巡迴展覽：海地巫毒教與臺灣民間信仰比較」，以學校為單位進行巡展活動。
	09/01	靈鷲山護法會東區委員於無生道場舉辦「一日禪」。
	09/01	靈鷲山榮譽董事會於上院聞喜堂、華藏海財寶宮殿舉辦「秋禪聯會」。
	09/01	靈鷲山香港佛學會啟建「慈悲三昧水懺法會」。
	09/02	心道法師暨靈鷲山常住法師受中華國際供佛齋僧功德會邀請，應供出席於國立體育大學綜合體育館（林口體育館）舉辦「國際供佛齋僧大會」。
	09/02	靈鷲山無生道場當家常存法師、聖山寺監院懇慧法師、恆傳法師、寶月法師、妙足法師、聞虛法師代表出席法鼓山於世界佛教教育園區舉辦的「承先啟後——法鼓山第六任方丈接任大典」，並代表心道法師送上「正法久住」墨寶，見證新任住持果暉法師交接大典。
	09/02	前國立臺灣史前文化博物館館長張善楠教授參訪世界宗教博物館。
	09/02	靈鷲山於上院華藏海圓通寶殿舉辦「茶禪・茶道・茶養」課程，邀請茶道學專家林淑子老師主講。
	09/02	靈鷲山新北分院啟建「慈悲三昧水懺法會」。
	09/03 ～ 09/12	靈鷲山無生道場舉辦「秋季僧眾禪十閉關」。
	09/04 ～ 2019/03/24	世界宗教博物館與韓國韓尚洙刺繡博物館合作，於常設展區推出「繡佛莊嚴——初代韓國人間國寶刺繡匠韓尚洙」特展。
	09/05	中國佛教協會、廈門佛教協會、中華國際供佛齋僧功德會法師一行，在中國佛教協會副會長、南普陀寺方丈兼閩南佛學院院長則悟法師帶領下來山參訪，拜會心道法師。
	09/06	世界宗教博物館館長陳國寧獲新北市政府藝術教育貢獻終身成就獎，並於新北市政府大禮堂領「孝行傳世・社教流芳——一〇七年度孝行獎暨社會教育獎」，由市長朱立倫親自頒獎表揚。

	09/08	世界宗教博物館舉辦「奇幻精靈劇場——牛美女要減肥」教育活動。
	09/08	靈鷲山於新北市貢寮地區東興宮前挖子海灘舉辦「淨灘愛地球・愛和平」活動。
	09/09	世界宗教博物館舉辦「山・靈・敬——回返祖靈智慧的人間淨土」創意工作坊，邀請泰雅伊娜原住民工作坊負責人梁秀娟教授「與自然共生——療癒盆栽製作」。
	09/09	靈鷲山臺中講堂啟建「慈悲三昧水懺暨浴佛法會」。
	09/14	心道法師受邀出席由臺北菩提婦女會於大稻埕戲苑劇場舉辦的鳥與水舞集《靈鷲山菩提心～牽手關懷舞蹈演出》。
	09/15	世界宗教博物館舉辦「山・靈・敬——回返祖靈智慧的人間淨土」專題演講，邀請泰雅族文史工作者尤巴斯・瓦旦主講「傳說中神祕的巫覡——泰雅族mahuni」。
	09/15～09/16	靈鷲山於下院聖山寺舉辦「志工成長營」。
	09/16	世界宗教博物館舉辦「山・靈・敬——回返祖靈智慧的人間淨土」專題演講，邀請魯凱族文史作家奧威尼・卡露斯主講「訴說永恆的歸宿——石版屋・百合花・雲豹」。
	09/17～09/18	靈鷲山三乘佛學院於上院華藏海大講堂舉辦僧眾課程「四期教育專題課程——生命關懷」，由靈鷲山法師主講。
玖	09/19	中國江蘇省佛教協會秘書長兼南京清涼寺住持理海法師及宗教事務局周偉文副局長一行來山參訪，並與心道法師會面。
	09/19～10/03	靈鷲山慈善基金會於緬甸臘戌舉辦「華文學校教師增能計劃」。
	09/21～09/23	心道法師泰國弘法行程，前往靈鷲山泰國禪修中心舉辦「第六屆亞洲宗風營」。隨後，並前往僧王寺拜會現任僧王頌德帕僧咖剌・沙恭摩訶僧伽巴里拿裕（Somdet Phra Sangkharat Sakonlamahasangkhaparinayok）及副僧王頌德帕灣南喇尊者（Somdet Phra Wannarat）。
月	09/21～09/23	靈鷲山於上院華藏海圓通寶殿舉辦「平安進階禪三」。
	09/22	世界宗教博物館舉辦「山・靈・敬——回返祖靈智慧的人間淨土」說故事活動，邀請飛飛老師、小米老師主講《生態保育故事Ⅱ》。
	09/22	世界宗教博物館舉辦「2018博物館教育功能提升」系列課程，邀請新中和社大講師王乙甯主講「認識宗博——博物館設計」。
	09/22	世界宗教博物館舉辦「奇幻精靈劇場——停不了的艾爾」教育活動。
	09/22～09/23	靈鷲山於下院聖山寺善法大樓舉辦「上下院志工培訓課程」。
	09/22	靈鷲山臺北講堂啟建「慈悲三昧水懺法會」。
	09/23	靈鷲山於上院華藏海圓通寶殿舉辦「茶禪・茶道・茶養」課程，邀請茶道學專家林淑子老師主講。
	09/23	靈鷲山基隆講堂於新北市金山區中山堂舉辦「基金、陽金、淡金公路消災祈福公益大法會」。
	09/27～10/29	世界宗教博物館於生命和平多元空間舉辦「生命之河——臺灣生命教育的軌跡巡迴展」第十七站巡展。
	09/27～12/13	靈鷲山三乘佛學院每週四於上院無生道場舉辦僧眾課程「般若專題：《大佛頂首楞嚴經》」，禮請蔡玉鳳講師主講。
	09/28～09/29	靈鷲山於宗博館宇創廳舉辦「第一屆觀音文化國際論壇」。
	09/28	靈鷲山慈善基金會於宗博館生命和平多元空間舉辦「普仁獎全球推行委員會第五次會議」。

玖	09/29～09/30	靈鷲山於下院聖山寺善法大樓舉辦「二○一八年聖山寺秋季祭典暨大悲觀音更密無上圓滿施食大法會」。
	09/29	靈鷲山新北分院舉辦「兒童快樂學佛營」。
月	09/30	靈鷲山於下院聖山寺舉辦「百八觀音開光灑淨儀式」。
	09/30	靈鷲山嘉義中心舉辦「一日禪」。
拾	10/01	靈鷲山與日本高野山真言宗京都支所和泉寺住持田中智岳法師及臺灣真言宗常住法師共同於新北市鹽寮海濱公園啟建「鹽寮和平祈福超渡法會」，超渡乙未戰爭時期犧牲的日本士兵。
	10/01～10/02	靈鷲山三乘佛學院於上院華藏海大講堂舉辦僧眾課程「四期教育：生命關懷師資培訓」，由靈鷲山法師主講。
	10/01～10/29	靈鷲山新北分院每週一舉辦「平安禪（九分禪）共修」及「經典共修」。
	10/01～10/29	靈鷲山桃園講堂、中壢中心每週一分別舉辦「敦煌舞」。
	10/01～10/29	靈鷲山臺南分院每週一舉辦「禪悅舞」。
	10/02	世界宗教博物館與王永慶先生教育基金會合辦的「2300萬人的幸福學堂」開課典禮，邀請板橋中山國小學童、老師及王永慶先生教育基金會副執行長許蓮聰等貴賓蒞臨。
	10/02～10/30	靈鷲山臺北講堂、桃園講堂每週二分別舉辦「平安禪共修」。
	10/02～10/30	靈鷲山新北分院每週二舉辦「花與禪」。
	10/02～10/30	靈鷲山臺南分院每週二舉辦「《金剛般若波羅蜜經》經典共修暨〈文殊咒〉一百○八遍」。
	10/02～10/30	靈鷲山高屏講堂每週二舉辦「書法抄經班」。
	10/02～10/23	靈鷲山蘭陽講堂每週二舉辦「平安禪暨經典共修」。
月	10/03	心道法師於上院開山聖殿為新人福證。
	10/03～10/31	靈鷲山臺北講堂每週三舉辦「平安禪共修」及「經脈導引」。
	10/03、17、31	靈鷲山新莊中港中心舉辦「平安禪（九分禪）暨經典共修」。
	10/03、10、17、31	靈鷲山樹林中心舉辦「拜願暨平安禪修」。
	10/03～10/31	靈鷲山桃園講堂每週三舉辦「敦煌舞（初階班）」。
	10/03～10/31	靈鷲山中壢中心每週三舉辦「敦煌舞」。
	10/03、17、31	靈鷲山臺中講堂舉辦「平安禪共修」。
	10/03	靈鷲山嘉義中心舉辦「禪修共修」。
	10/03～10/24	靈鷲山花蓮共修處每週三舉辦「《金剛般若波羅蜜經》經典共修」。
	10/04～10/13	靈鷲山淨華法師率領朝聖團隊前往不丹朝禮聖地。
	10/04、10/11	靈鷲山樹林中心舉辦「《大方廣佛華嚴經・普賢行願品》暨《藥師琉璃光如來本願功德經》經典共修」。
	10/04、10/11	靈鷲山桃園講堂舉辦「經典共修」。

10/04 ～ 10/18	靈鷲山中壢中心每週四舉辦「平安禪共修」。
10/04 ～ 10/25	靈鷲山中壢中心每週四舉辦「敦煌舞」。
10/04 ～ 10/25	靈鷲山高屏講堂每週四舉辦「經典共修」。
10/05 ～ 12/25	靈鷲山於全臺講堂分別舉辦「四期教育專題課程——生命關懷」。
10/05 ～ 10/26	靈鷲山臺南分院、高屏講堂每週五分別舉辦「平安禪共修」。
10/05 ～ 10/26	靈鷲山花蓮共修處每週五舉辦「基礎梵唄」。
10/05 ～ 10/07	靈鷲山馬來西亞吉隆坡中心於吉隆坡蕉賴民政大廈宏願禮堂舉辦「觀音薈供消災祈福法會」，禮請心道法師主法。
10/06	靈鷲山慈善基金會於新北分院舉辦「普仁獎家訪志工專任講師種子培訓營」。
10/06	靈鷲山新北C區護法會於新北市樹林區猴寮公園舉辦第四屆大悲行腳「新北有愛‧地球平安」活動。
10/06	靈鷲山新北分院舉辦「一日禪」。
10/06 ～ 10/27	靈鷲山中壢中心每週六舉辦「敦煌舞」。
10/06、10/20	靈鷲山新營共修處舉辦「大悲咒共修」。
10/06	靈鷲山高屏講堂舉辦「百萬大悲咒共修」。
10/07 ～ 10/13	靈鷲山於上院無生道場舉辦「進階平安禪七」。
10/07	靈鷲山於上院華藏海大講堂舉辦「上下院志工服務課程（進階班）」。
10/07	世界宗教博物館舉辦「2018博物館教育功能提升」系列課程，由宗博館教育推廣組蔡雅君主任主講「兒童館導覽訓練」課程。
10/07	世界宗教博物館舉辦「2018博物館教育功能提升」系列課程，邀請國立臺北藝術大學博物館研究所陳佳利教授主講「文化平權推廣與樂齡觀眾服務」課程。
10/07	靈鷲山新北區會於新北市林口區公所舉辦「幸福人生系列講座——生命關懷系列」，邀請靈鷲山護法會副總會長鄭呂碧雪師姐主講。
10/07	靈鷲山新莊中港中心、中壢中心及臺中講堂分別啟建「慈悲三昧水懺法會」。
10/07	靈鷲山嘉義中心啟建「《地藏菩薩本願經》暨蒙山施食法會」。
10/07	靈鷲山臺南分院舉辦「一日禪」。
10/07	靈鷲山蘭陽講堂舉辦「大悲咒共修」。
10/09、10/23	靈鷲山臺北講堂舉辦「千燈供佛法會」。
10/09、10/23	靈鷲山新莊中港中心、嘉義中心、臺南分院及高屏講堂分別舉辦「初一、十五燃燈供佛」。
10/09、10/23	靈鷲山樹林中心舉辦「初一、十五佛供暨誦戒」。
10/09 ～ 10/30	靈鷲山中壢中心每週二舉辦「經典共修」。
10/09、10/23	靈鷲山臺南分院舉辦「大悲咒共修」。
10/09、10/23	靈鷲山新營共修處舉辦「初一、十五佛供暨《大乘妙法蓮華經‧觀世音菩薩普門品》共修」。

拾

月

	10/09、10/23	靈鷲山蘭陽講堂舉辦「初一、十五《金剛般若波羅蜜經》共修暨佛供」。
	10/10、10/31	靈鷲山臺中講堂舉辦「大悲咒共修」。
	10/12	梵諦岡宗教對話委員會秘書長阿尤索主教（H.E. Msgr. Miguel Ángel Ayuso Guixot）及副秘書長英都尼蒙席（Msgr. Indunil J. Kodithuwakku K.）來山，拜會心道法師。
	10/13	靈鷲山於貢寮福隆地區石碇溪出海口舉辦「淨灘愛地球‧愛和平」活動。
	10/13	世界宗教博物館舉辦「奇幻精靈劇場——我是霸王龍」教育活動。
	10/13	靈鷲山榮譽董事會於下院聖山寺善法大樓舉辦「新科榮董授證大會暨全球榮董聯誼會」。
	10/13～10/14	靈鷲山慧命成長學院於上院無生道場舉辦「全球心寧靜教師團——進階團員大會（二日）」。
	10/13	靈鷲山護法會於臺北講堂舉辦「儲委精進營（第二堂課）」。
	10/13	靈鷲山基隆講堂一行回山擔任志工。
	10/13	靈鷲山嘉義中心於嘉義市嘉邑行善團弘善樓舉辦「幸福人生系列講座——建構家庭親子關係」，邀請靈鷲山護法會副總會長鄭呂碧雪師姐主講。
	10/13～10/14	靈鷲山臺南分院舉辦「基礎梵唄（密集班）」課程，禮請恆觀法師主講。
拾	10/14～10/16	心道法師受韓國首爾參佛禪院院長覺山法師邀請，於韓國江原道參與「第五屆世界禪修大會」；會後與泰國禪修大師阿查查（Ajahn Chah）大弟子阿贊間夏（Ajahn Ganhah）會面。
	10/14	世界宗教博物館舉辦「2018博物館教育功能提升」系列課程，邀請新中和社大王乙甯講師主講「認識宗博——宗教建築導覽」。
	10/14	緬甸臘戌大學（Lashio University）三百多位學生參訪靈鷲山緬甸弄曼沙彌學院。
月	10/14	靈鷲山護法會於高屏講堂舉辦「儲委精進營（第二堂課）」。
	10/14	靈鷲山桃園講堂、花蓮共修處及蘭陽講堂分別啟建「慈悲三昧水懺法會」。
	10/15	靈鷲山臺中講堂一行回山舉辦「齋僧」。
	10/17	世界宗教博物館與王永慶教育基金會合辦的「2300萬人的幸福學堂」，邀請桃園復興鄉孩童以及王永慶教育基金會許蓮聰副執行長參觀宗博館。
	10/17	靈鷲山於下院聖山寺善法大樓舉辦「上師壽誕小齋天法會」。
	10/20	世界宗教博物館舉辦「2018博物館教育功能提升」系列課程，邀請國立歷史博物館展覽組解說員閻鈺臻主講「如何成為一位稱職的導覽員」。
	10/20	世界宗教博物館舉辦「2018博物館教育功能提升」系列課程，邀請國立故宮博物院資深導覽志工梁惠生主講「導覽肢體語言及溝通技巧」。
	10/20	靈鷲山臺北講堂一行回山擔任志工。
	10/20	靈鷲山樹林中心啟建「佛母大金耀孔雀明王經暨蒙山施食法會」。
	10/20～10/21	靈鷲山臺南分院舉辦「基礎梵唄（密集班）」課程，禮請恆觀法師主講。
	10/21	臺鐵6432次普悠瑪列車出軌翻車，造成百餘人輕重傷，心道法師指示靈鷲山海內外四眾弟子募集《佛說阿彌陀經》、《觀世音菩薩普門品》、〈大悲咒〉和阿彌陀佛聖號，並於聖山寺為亡者及傷者點燈祈福。

	10/21	世界宗教博物館「幸福人生——生命教育電影X座談」舉行《幸福路上》電影欣賞與座談，邀請桃園高中生命教育老師徐玉青主持映後座談會。
	10/21	靈鷲山基隆講堂、中壢中心分別舉辦「一日禪」。
	10/22	臺鐵6432次普悠瑪列車翻覆意外，靈鷲山常住法師及東區護法會近四十位師兄姐，前往蘇澳榮總為往生者助念，祈願亡者安靈，傷者遠離驚恐、身心安定。
	10/22～12/17	靈鷲山三乘佛學院每週一於上院華藏海大講堂舉辦僧眾課程「藏傳專題：《功德藏》」，禮請曾慶忠講師主講。
	10/23～12/11	靈鷲山三乘佛學院每週二於上院妙覺教室舉辦僧眾課程「中觀專題：《中觀莊嚴論釋》」禮請堪祖拉尊仁波切昆秋韋瑟主講。
	10/24、11/14	靈鷲山三乘佛學院於上院妙覺教室舉辦僧眾課程「四期教育：阿含期初階課程——初轉之法儲備師資培訓課程」，禮請林國賓講師主講。
	10/24～10/28	靈鷲山新北分院啟建「梁皇寶懺暨瑜伽焰口法會」。
	10/24、10/31	靈鷲山嘉義中心舉辦「《大乘妙法蓮華經》經典共修」。
拾	10/25	靈鷲山樹林中心舉辦「《藥師琉璃光如來本願功德經》經典共修」及「四期教育專題課程——生命關懷」。
	10/26	靈鷲山舉辦「下院聖山寺玉佛殿動工大典」。
	10/27	靈鷲山於觀世音菩薩出家紀念日舉辦「觀音三會大朝山」。
	10/27	世界宗教博物館舉辦「奇幻精靈劇場——斗篷怪獸」教育活動。
月	10/27	靈鷲山桃園講堂、中壢中心分別舉辦「大悲咒共修」。
	10/27	靈鷲山嘉義中心於觀世音菩薩出家紀念日舉辦「《大乘妙法蓮華經·觀世音菩薩普門品》暨〈大悲咒〉及佛供共修」。
	10/27～10/28	靈鷲山高屏講堂一行回山擔任志工。
	10/27	靈鷲山香港佛學會啟建「慈悲三昧水懺法會」。
	10/28～11/08	心道法師受邀出席於加拿大多倫多舉辦「第七屆世界宗教大會」；會前，於靈鷲山美國紐約曼哈頓國際總部主法圓滿施食法會並教授平安禪修。
	10/28	心道法師於靈鷲山紐約曼哈頓國際總部主持一日平安禪，並於晚間為兩對新人福證。
	10/28	靈鷲山於上院華藏海圓通寶殿舉辦「茶禪·茶道·茶養」課程，邀請茶道學專家林淑子老師主講。
	10/28	靈鷲山臺南分院舉辦「《地藏菩薩本願經》經典共修」。
	10/28	靈鷲山泰國禪修中心啟建「《藥師琉璃光如來本願功德經》法會」。
	10/30	心道法師於靈鷲山紐約曼哈頓國際總部主法圓滿施食法會。
	10/31～11/04	靈鷲山臺北講堂啟建「梁皇寶懺暨瑜伽焰口法會」。
	10/31	靈鷲山花蓮共修處舉辦「大悲咒共修」。

11/01	靈鷲山開山住持、世界宗教博物館及非營利組織「愛與和平地球家」（GFLP）創辦人心道法師受邀於加拿大多倫多舉辦的世界宗教大會（Parliament of the World's Religions, PoWR）開幕會上致詞並引導與會的各宗教領袖與代表修習一分鐘平安禪，為地球療癒。
11/01～11/29	靈鷲山樹林中心每週四舉辦「《藥師琉璃光如來本願功德經》經典共修」。
11/01～11/29	靈鷲山中壢中心每週四舉辦「敦煌舞」。
11/02	心道法師於世界宗教大會期間接受來自英國伯明罕的錫克教精神領袖摩伊德·辛格（Bhai Sahib Mohinder Singh Ji）邀請，分享創建世界宗教博物館、推動生命教育經驗，與在緬甸籌建生命和平大學期盼解決地球危機的願景。
11/02、16、23	靈鷲山桃園講堂舉辦「基礎梵唄」課程。
11/02～11/30	靈鷲山臺南分院、高屏講堂每週五分別舉辦「平安禪共修」。
11/03～11/04	靈鷲山受邀參加由宜蘭縣全民供佛齋僧功德會發起，結合佛教、天主教、統一教、一貫道等宗教團體，共同於普悠瑪車禍事發現場新馬貨運站旁空地舉辦的「平安路祭·點燈祈福」大法會，由靈鷲山無生道場當家常存法師帶領九十位「大悲行者」於新馬車站鐵道上為傷亡者念誦〈大悲咒〉超渡祈福。
11/03	世界宗教博物館於世界宗教大會主題「包容的承諾，愛的力量——追求全球理解」晚會邀請國際級箜篌演奏家月亮、天才小提琴家廖姵璇演出。
11/03	世界宗教博物館舉辦「2018博物館教育功能提升」系列課程，邀請耕研居宗教民俗研究室主持人謝宗榮主講「臺灣的道教習俗與文化」。
11/03	世界宗教博物館舉辦「2018博物館教育功能提升」系列課程，邀請作家、歷史文化講師黃偉雯主講「印度教、錫克教的歷史與世界遺產」。
11/03	世界宗教博物館「幸福人生——生命教育電影X座談」於國立臺灣圖書館舉行《海洋奇緣》電影欣賞與座談，邀請思多力親子成長團隊蘋果老師主持映後座談會。
11/03	靈鷲山慈善基金會於嘉義中心舉辦「普仁獎初審暨家訪志工訓練」。
11/03～11/24	靈鷲山中壢中心每週六舉辦「敦煌舞」。
11/03、11/17	靈鷲山新營共修處舉辦「大悲咒共修」。
11/03	靈鷲山高屏講堂舉辦「百萬大悲咒共修」。
11/03	靈鷲山香港佛學會啟建「慈悲三昧水懺法會」。
11/04	世界宗教博物館於世界宗教大會期間舉辦「檢視生態危機的深層根源：邁向靈性生態學」專題論壇，創辦人心道法師與與談學者倡議從靈性生態學出發，共同對抗極端氣候等地球危機。
11/04	靈鷲山護法會新北區會、高屏講堂分別舉辦「一日禪」。
11/04	靈鷲山樹林中心、臺南分院分別啟建「慈悲三昧水懺法會」。
11/05	心道法師於世界宗教大會期間，在本日一早帶領平安禪修。
11/05	心道法師於世界宗教大會期間，再次受邀在全體會議上主講，呼籲愛地球生命大和解。
11/05	靈鷲山慈善基金會於臺中講堂舉辦「普仁獎初選」。
11/05～11/09	靈鷲山基隆講堂啟建「梁皇法會」。
11/05～11/26	靈鷲山新北分院每週一舉辦「平安禪（九分禪）」及「經典共修」。

拾壹月	11/05 ～ 11/26	靈鷲山桃園講堂、中壢中心每週一舉辦「敦煌舞」。
	11/05 ～ 11/26	靈鷲山臺南分院每週一舉辦「禪悅舞」。
	11/06	中華民國國家建設班的國際學員來山參訪，並拜會心道法師。
	11/06 ～ 11/27	靈鷲山臺北講堂、桃園講堂及中壢中心每週二舉辦「平安禪共修」。
	11/06 ～ 11/27	靈鷲山新北分院每週二舉辦「花與禪」。
	11/06 ～ 11/27	靈鷲山嘉義中心每週二舉辦「瑜伽班」。
	11/06 ～ 11/27	靈鷲山臺南分院每週二舉辦「《金剛般若波羅蜜經》經典共修暨〈文殊咒〉一百○八遍」。
	11/06 ～ 11/27	靈鷲山高屏講堂每週二舉辦「書法抄經班」。
	11/06 ～ 11/27	靈鷲山蘭陽講堂每週二舉辦「平安禪暨經典共修」。
	11/07	世界宗教博物館與國際博物館協會博物館學委員會亞太分會（ICOM ICOFOM-ASPAC）共同於世界宗教博物館舉辦「二○一八博物館、博物館學與神聖」國際研討會。
	11/07	靈鷲山慈善基金會於新北分院舉辦「新北地區普仁獎初選」。
	11/07	靈鷲山慈善基金會舉辦「臺中地區普仁獎家訪志工培訓」。
	11/07 ～ 11/28	靈鷲山臺北講堂每週三舉辦「經脈導引」及「平安禪共修」。
	11/07 ～ 11/28	靈鷲山新莊中港中心每週三舉辦「平安禪（九分禪）暨經典共修」。
	11/07 ～ 11/28	靈鷲山樹林中心每週三舉辦「拜願暨平安禪修」。
	11/07 ～ 11/28	靈鷲山桃園講堂每週三舉辦「敦煌舞（初階班）」。
	11/07	靈鷲山嘉義中心舉辦「禪修共修」。
	11/07 ～ 11/28	靈鷲山高屏講堂每週三舉辦「經典共修」。
	11/07 ～ 11/21	靈鷲山花蓮共修處每週三舉辦「《金剛般若波羅蜜經》經典共修」。
	11/08、11/22	靈鷲山臺北講堂舉辦「千燈供佛法會」。
	11/08、11/22	靈鷲山新莊中港中心舉辦「初一、十五燃燈供佛」。
	11/08、11/22	靈鷲山樹林中心舉辦「初一、十五佛供暨誦戒會」。
	11/08、11/22	靈鷲山嘉義中心、臺南分院、新營共修處及高屏講堂分別舉辦「初一、十五佛供」。
	11/08、11/22	靈鷲山臺南分院舉辦「大悲咒共修」。
	11/09	世界宗教博物館舉辦十七週年慶「愛地球‧愛和平」系列活動暨「深河遠流——南傳佛教文化特展」開幕。邀請來自緬甸重量級弘法大師迪達古長老（Sitagu Sayadaw）、天主教、基督教長老教會、中國回教協會、天帝教、生活的藝術臺灣全國中心等多位跨宗教領袖代表，以及多位外國使節等貴賓，為世界宗教和諧日祈福，宣讀「愛地球‧愛和平」祈禱文。
	11/09 ～ 2019/04/21	世界宗教博物館舉辦「深河遠流——南傳佛教文化特展」活動。

拾壹月	11/10～11/19	靈鷲山於緬甸仰光大善園寺國際禪修中心舉辦「第六屆南傳短期出家修道會」及「第二屆女眾南傳短期出家修道會」，恭請心道法師與緬甸仰光全國上座部佛教巴利大學校長鳩摩羅尊者（Bhaddanta Kumara）、教務主任Ashin Therasabha為戒子們尊證。
	11/10	緬甸迪達古長老來山參訪，並會見心道法師。
	11/10	靈鷲山於貢寮區石碇溪出海口舉辦「淨灘愛地球・愛和平」活動。
	11/10	世界宗教博物館舉辦「深河遠流──南傳佛教文化特展」之「東南亞文化體驗:親子聽故事」教育推廣活動，邀請宗博館奇幻精靈志工與南洋姐妹會帶領體驗。
	11/10	靈鷲山樹林中心舉辦「大悲咒共修」。
	11/10	靈鷲山花蓮共修處舉辦「《地藏菩薩本願經》暨瑜伽燄口施食法會」。
	11/11	靈鷲山於新北市三重綜合體育館舉辦「二〇一九年第一場水陸先修──大悲觀音祈福暨瑜伽燄口法會」。
	11/11、13～18	靈鷲山慧命成長學院與世界宗教博物館於宗博館生命和平多元空間共同舉辦「南傳佛教居士課程」，禮請緬甸國家持二藏比丘師利甘闍那（Thiri Kinsana）講授。
	11/13	靈鷲山慈善基金會於桃園講堂舉辦「普仁獎初審」。
	11/14、11/28	靈鷲山臺中講堂舉辦「平安禪」。
	11/16	靈鷲山慈善基金會於桃園講堂舉辦「普仁獎家訪志工培訓」。
	11/17～11/24	靈鷲山慈善基金會與長庚國際醫療志工團合作，於緬甸臘戌偏鄉地區舉辦醫療義診。
	11/17	靈鷲山寂光寺啟建「《地藏菩薩本願經》暨瑜伽燄口法會」。
	11/17	靈鷲山基隆講堂一行回山擔任志工。
	11/17	靈鷲山臺南分院於臺南市勞工育樂中心舉辦「厚雅人生講座」，禮請了意法師主講。
	11/18	世界宗教博物館舉辦「深河遠流──南傳佛教文化特展」之「東南亞節慶文化:泰國水燈DIY」工作坊，邀請南洋姐妹會帶領製作。
	11/18	靈鷲山護法會新北C區分會於上院華藏海圓通寶殿舉辦「一日禪」。
	11/18	靈鷲山臺北講堂一行回山擔任志工。
	11/18	靈鷲山新營共修處舉辦「一日禪」。
	11/18	靈鷲山高屏講堂、花蓮共修處啟建「慈悲三昧水懺法會」。
	11/18	靈鷲山香港佛學會於香港尖沙咀街坊福利會舉辦「觀音百供祈福法會」，禮請心道法師親自主法。
	11/19	靈鷲山嘉義中心回山舉辦「齋僧」。
	11/20、11/27	靈鷲山中壢中心舉辦「經典共修」。
	11/21	靈鷲山臺中講堂舉辦「平安禪」。
	11/21、11/28	靈鷲山嘉義中心舉辦「《大乘妙法蓮華經》經典共修」。
	11/22、11/29	靈鷲山中壢中心舉辦「平安禪共修」。
	11/22	靈鷲山蘭陽講堂舉辦「初一、十五《金剛般若波羅蜜經》共修暨佛供」。

拾壹月	11/24 ～ 11/25	靈鷲山上院無生道場舉辦「第三十期導覽團志工培訓課程」。
	11/24	世界宗教博物館舉辦「深河遠流──南傳佛教文化特展」之「東南亞文化體驗：親子聽故事」教育推廣活動，邀請宗博館奇幻精靈志工與南洋姐妹會帶領體驗。
	11/24 ～ 11/25	靈鷲山護法會於下院聖山寺善法大樓舉辦「幹部冬季成長營」。
	11/24	靈鷲山新北分院、新莊中港中心分別舉辦「大悲咒共修」。
	11/24	靈鷲山桃園講堂舉辦「大悲咒共修」。
	11/24	靈鷲山紐約道場舉辦「法華法會」。
	11/25	靈鷲山於上院華藏海圓通寶殿舉辦「茶禪・茶道・茶養」課程，邀請茶道學專家林淑子老師主講。
	11/25	世界宗教博物館「幸福人生──生命教育電影X座談」舉行《親愛的奶奶》電影欣賞與座談，邀請資深讀書會帶領人、社區大學講師鄭美里主講映後座談會。
	11/25	靈鷲山臺南分院舉辦「《地藏菩薩本願經》經典共修」。
	11/25 ～ 11/26	靈鷲山高屏講堂回山舉辦「齋僧」。
	11/27 ～ 12/03	靈鷲山於馬來西亞吉隆坡雲頂清水岩舉辦「漢傳短期出家淨戒會」，恭請心道法師為得戒和尚，中國大陸聞諦法師為羯磨和尚，臺灣妙法寺大雲法師為教授和尚。
	11/27	世界宗教博物館結合生命和平多元空間舉辦「生命和平慈善茶會」，以視覺、聽覺、嗅覺、味覺、觸覺等五感，體驗博物館豐富的生命教育意涵。
	11/27	靈鷲山慈善基金會於臺中講堂舉辦「普仁獎複審」。
	11/28	靈鷲山花蓮共修處舉辦「大悲咒共修」。
	11/29	靈鷲山桃園講堂舉辦「經典共修」。
拾貳月	12/01 ～ 12/02	靈鷲山國際青年團於桃園市九斗村有機農場、中華汽車人才培訓中心等地舉辦「營的力量──團體動力學」幹部培訓課程。
	12/01	靈鷲山臺北講堂舉辦「大悲咒共修」。
	12/01	靈鷲山新莊中港中心舉辦「一日禪」。
	12/01 ～ 12/29	靈鷲山中壢中心每週六舉辦「敦煌舞」課程。
	12/01、15、29	靈鷲山新營共修處舉辦「大悲咒共修」。
	12/01	靈鷲山高屏講堂舉辦「百萬大悲咒共修」。
	12/01	靈鷲山香港佛學會啟建「慈悲三昧水懺法會」。
	12/02 ～ 12/09	靈鷲山舉辦「第十七屆緬甸供萬僧法會」，於緬甸佛教文明古城勃固省瑞摩多佛塔、佛教第六次經典集結聖地世界和平大石窟等地舉行供僧法會，緬甸國家僧伽委員會主席鳩摩羅毗文沙尊者（Bhaddanta Kumara Bhivamsa）等長老及眾賢聖僧前來應供。
	12/02	靈鷲山臺北講堂一行回山擔任志工。
	12/02	靈鷲山樹林中心舉辦「朝禮靈鷲山活動」。
	12/02	靈鷲山桃園講堂舉辦「一日禪」。

	12/02 ～ 12/30	靈鷲山中壢中心每週日舉辦「敦煌舞」課程。
	12/02	靈鷲山新竹共修處（寶屹寺）啟建「慈悲三昧水懺法會」。
	12/03 ～ 12/24	靈鷲山新北分院每週一舉辦「平安禪（九分禪）」及「經典共修」。
	12/03 ～ 12/31	靈鷲山桃園講堂每週一舉辦「敦煌舞」課程。
	12/03 ～ 12/31	靈鷲山臺南分院每週一舉辦「禪悅舞」課程。
	12/04 ～ 12/25	靈鷲山臺北講堂、桃園講堂每週二分別舉辦「平安禪共修」。
	12/04 ～ 12/25	靈鷲山新北分院每週二舉辦「花與禪」課程。
	12/04 ～ 12/25	靈鷲山中壢中心每週二舉辦「經典共修」。
	12/04 ～ 12/25	靈鷲山嘉義中心每週二舉辦「瑜伽班」課程。
	12/04 ～ 12/25	靈鷲山臺南分院每週二舉辦「《金剛般若波羅蜜經》經典共修暨〈文殊咒〉一百○八遍」。
拾	12/04 ～ 12/25	靈鷲山高屏講堂每週二舉辦「書法抄經班」。
	12/04 ～ 12/25	靈鷲山蘭陽講堂每週二舉辦「平安禪暨經典共修」。
	12/05 ～ 12/26	靈鷲山臺北講堂每週三舉辦「經脈導引」及「平安禪共修」。
貳	12/05 ～ 12/26	靈鷲山新莊中港中心每週三舉辦「平安禪（九分禪）暨經典共修」。
	12/05 ～ 12/26	靈鷲山樹林中心每週三舉辦「拜願暨平安禪修」。
	12/05 ～ 12/26	靈鷲山桃園講堂每週三舉辦「敦煌舞（初階班）」。
	12/05 ～ 12/26	靈鷲山中壢中心每週三舉辦「敦煌舞」課程。
月	12/05、12/19	靈鷲山臺中講堂舉辦「平安禪共修」。
	12/05	靈鷲山嘉義中心舉辦「禪修共修」。
	12/05 ～ 12/26	靈鷲山高屏講堂每週三舉辦「經典共修」。
	12/06 ～ 12/27	靈鷲山樹林中心、桃園講堂每週四分別舉辦「經典共修」。
	12/06 ～ 12/27	靈鷲山中壢中心每週四舉辦「平安禪共修」與「敦煌舞」課程。
	12/07	靈鷲山邀請緬甸弄曼沙彌學院的中文志工一行參訪宗博館。
	12/07、12/21	靈鷲山臺北講堂舉辦「千燈供佛法會」。
	12/07、12/21	靈鷲山新莊中港中心舉辦「初一、十五燃燈供佛」。
	12/07、12/21	靈鷲山樹林中心舉辦「初一、十五佛供暨誦戒」。
	12/07 ～ 12/28	靈鷲山樹林中心每週五舉辦「助念團共修」。
	12/07、12/21	靈鷲山中壢中心、嘉義中心、臺南分院及高屏講堂分別舉辦「初一、十五佛供」。
	12/07、12/21	靈鷲山臺南分院舉辦「大悲咒共修」。
	12/07 ～ 12/28	靈鷲山臺南分院、高屏講堂每週五分別舉辦「平安禪共修」。

	12/07、12/21	靈鷲山新營共修處舉辦「初一、十五佛供暨《大乘妙法蓮華經‧觀世音菩薩普門品》共修」。
	12/07、12/21	靈鷲山蘭陽講堂舉辦「初一、十五《金剛般若波羅蜜經》共修暨佛供」。
	12/08	靈鷲山於貢寮東興宮前的挖子海灘舉辦「淨灘愛地球‧愛和平」活動，新北市藥師公會前來觀摩淨灘活動。
	12/08	靈鷲山臺北講堂啟建「慈悲三昧水懺法會」。
	12/09	靈鷲山慈善基金會於臺中講堂舉辦「臺中地區普仁獎頒獎典禮」。
	12/09	靈鷲山基隆講堂舉辦「一日禪暨大悲咒共修」。
	12/09	靈鷲山樹林中心一行回山擔任志工。
	12/09	靈鷲山桃園講堂啟建「慈悲三昧水懺法會」。
	12/09	靈鷲山高屏講堂舉辦「幸福人生系列講座——建構家庭親子關係」，邀請靈鷲山護法會副總會長鄭呂碧雪師姐主講。
	12/11	中國山東摩崖石刻藝術博物館館長、漢字記憶空間創辦人王寶磊等一行參訪宗博館。
	12/12、12/26	靈鷲山中壢中心舉辦「大悲咒共修」。
拾	12/12、12/26	靈鷲山嘉義中心舉辦「《大乘妙法蓮華經》經典共修」。
	12/13	國際性學術團體羅馬俱樂部秘書長格雷姆‧馬克斯頓（Graeme Maxton，馬光明）來山參訪，並拜會心道法師。
貳	12/13	靈鷲山慧命成長學院舉辦「教推組志工期末分享聯誼茶會」。
	12/14	靈鷲山花蓮共修處舉辦「佛像開光及新中心灑淨儀式」，並升格為花蓮中心。
月	12/15	世界宗教博物館「幸福人生——生命教育電影X座談」於國立臺灣圖書館舉行《狼的孩子雨和雪》電影欣賞與映後座談，邀請資深讀書會帶領人、社區大學講師鄭美里主講。
	12/15～12/23	世界宗教博物館與青海唐卡畫家格桑嘉措、德祺書坊合作，於生命和平多元空間舉辦「時間‧輪迴 K.T.K.唐卡藝術展」。
	12/15～12/16	靈鷲山國際青年團於臺南分院舉辦「靈鷲山國際青年團歲末聯誼暨團員大會」。
	12/15	靈鷲山臺北講堂舉辦「朝禮靈鷲聖山活動」。
	12/15	靈鷲山嘉義中心舉辦「普仁獎複審」。
	12/15	靈鷲山泰國禪修中心啟建「歲末迎新二〇一九觀音百供消災祈福法會」，禮請心道法師主法。
	12/16	靈鷲山於上院華藏海圓通寶殿舉辦「茶禪‧茶道‧茶養」課程，邀請茶道學專家林淑子老師主講。
	12/16	世界宗教博物館舉辦「深河遠流——南傳佛教文化特展」之「教育推廣活動：緬甸歷史與佛教美術初探」講座，邀請臺灣師範大學美術系博士生李孟學主講。
	12/16	靈鷲山慈善基金會舉辦「臺中地區普仁獎頒獎典禮暨園遊會」。
	12/16、12/22	靈鷲山基隆講堂一行回山擔任志工。
	12/16	靈鷲山新竹共修處（寶屹寺）啟建「慈悲三昧水懺法會與蒙山施食法會」。
	12/16	靈鷲山嘉義中心、新營共修處分別舉辦「一日禪」。

拾 貳 月	12/16	靈鷲山蘭陽講堂啟建「慈悲三昧水懺法會」。
	12/17～12/19	藏傳佛教寧瑪與竹巴噶舉成就持有者措尼仁波切受心道法師邀請，來山為常住僧眾宣講「大圓滿專題」講座。
	12/17、12/25	靈鷲山臺北講堂回山舉辦「齋僧」。
	12/18	靈鷲山桃園講堂舉辦「普仁獎複審」。
	12/19～12/25	世界宗教博物館舉辦「尋找聖誕老公公：角落DIY」節慶教育活動。
	12/19	靈鷲山花蓮共修處舉辦「《金剛般若波羅蜜經》經典共修」。
	12/21～ 2019/01/06	靈鷲山於下院聖山寺善法大樓啟建「華嚴法會」，並於聖山寺金佛殿內舉辦「華嚴經柱裝臟大典」。
	12/21～12/25	世界宗教博物館舉辦「尋找聖誕老公公：FB拍照打卡曬聖誕美照」、「尋找聖誕老公公文物」節慶教育活動。
	12/21	靈鷲山花蓮共修處升格為「花蓮中心」。
	12/22	靈鷲山新北分院、新莊中港中心、桃園講堂及中壢中心分別舉辦「大悲咒共修」。
	12/23、12/29	靈鷲山於華嚴法會期間，在下院聖山寺金佛殿內舉辦「華嚴經柱裝臟大典」，禮請心道法師親自為護持聖山建設的功德主銘版及殿內的八根華嚴經柱灑淨，並邀請菩提功德主將銘版裝臟入金佛殿華嚴經柱。
	12/23、12/30	華嚴法會期間，靈鷲山榮譽董事會於下院聖山寺善法大樓舉辦「榮董華嚴捻香祈福」。
	12/23	世界宗教博物館「幸福人生──生命教育電影X座談」舉行《可可夜總會》電影欣賞與座談，邀請親子教養作家兼荒野保護協會榮譽理事長李偉文先生主講。
	12/23～12/25	世界宗教博物館舉辦「尋找聖誕老公公：基督宗教主題導覽」節慶教育活動。
	12/23	靈鷲山新莊中港中心舉辦「朝禮靈鷲聖山活動」。
	12/25	世界宗教博物館結合生命和平多元空間舉辦「生命和平慈善茶會」，以視覺、聽覺、嗅覺、味覺、觸覺等五感體驗博物館豐富的生命教育意涵。
	12/26	靈鷲山花蓮中心舉辦「大悲咒共修」。
	12/29	靈鷲山慈善基金會舉辦「基隆地區普仁獎頒獎典禮」。
	12/30	世界宗教博物館舉辦「深河遠流──南傳佛教文化特展」之「教育推廣活動：與天相應──中南半島宗教文化地景」講座，邀請東南亞文化資產與觀光講師張蘊之主講。
	12/30	靈鷲山臺南分院舉辦「《地藏菩薩本願經》經典共修」。

國家圖書館出版品預行編目（CIP）資料

靈鷲山弘法紀要. 2018 / 釋法昂等編輯. --初版.--
新北市：靈鷲山般若出版, 2019.01

面；公分

ISBN 978-986-96539-4-7(平裝)

1.佛教教化法 2.佛教說法

225.4　　　　　　　　　　　107022707

靈鷲山2018弘法紀要

總 策 劃	釋了意
編 審	靈鷲山文獻中心及出版中心
編 輯 群	釋法昂、釋寶欣、陳坤煌、林佳儀、林美伶
美 編	黃偉哲
影片剪輯	靈鷲山文獻中心
圖片提供	靈鷲山攝影組志工

發 行 人	黃虹如
出版發行	財團法人靈鷲山般若文教基金會附設出版社
劃撥帳戶	財團法人靈鷲山般若文教基金會附設出版社
劃撥帳號	18887793
地 址	23444新北市永和區保生路2號21樓
電 話	（02）2232-1008
傳 真	（02）2232-1010
網 址	www.093books.com.tw
讀者信箱	books@ljm.org.tw

法律顧問	永然聯合法律事務所
印 刷	東豪印刷事業有限公司
初版一刷	2019年1月
定 價	新臺幣550元
Ｉ Ｓ Ｂ Ｎ	978-986-96539-4-7（平裝）

靈鷲山般若書坊